中国社会科学院国情调研特大项目"精准扶贫精准脱贫百村调研"

精准扶贫精准脱贫百村调研丛书

CASE STUDIES OF TARGETED POVERTY REDUCTION AND
ALLEVIATION IN 100 VILLAGES

李培林／主编

精准扶贫精准脱贫
百村调研·原隆村卷

闽宁协作扶贫铺就的康庄大道

李文庆 李 霞 吴 月／著

社会科学文献出版社

SOCIAL SCIENCES ACADEMIC PRESS (CHINA)

"精准扶贫精准脱贫百村调研丛书"
编 委 会

主 编：李培林

副主编：马 援 魏后凯 陈光金

成 员：（按姓氏笔画排序）

王子豪 王延中 李 平 张 平 张 翼

张车伟 荆林波 谢寿光 潘家华

中国社会科学院国情调研特大项目
"精准扶贫精准脱贫百村调研"
项目协调办公室

主　任：王子豪

成　员：檀学文　刁鹏飞　闫　珺　田　甜　曲海燕

总　序

调查研究是党的优良传统和作风。在党中央领导下，中国社会科学院一贯秉持理论联系实际的学风，并具有开展国情调研的深厚传统。1988 年，中国社会科学院与全国社会科学界一起开展了百县市经济社会调查，并被列为"七五"和"八五"国家哲学社会科学重点课题，出版了《中国国情丛书——百县市经济社会调查》。1998 年，国情调研视野从中观走向微观，由国家社科基金批准百村经济社会调查"九五"重点项目，出版了《中国国情丛书——百村经济社会调查》。2006 年，中国社会科学院全面启动国情调研工作，先后组织实施了 1000 余项国情调研项目，与地方合作设立院级国情调研基地 12 个、所级国情调研基地 59 个。国情调研很好地践行了理论联系实际、实践是检验真理的唯一标准的马克思主义认识论和学风，为发挥中国社会科学院思想库和智囊团作用做出了重要贡献。

党的十八大以来，在全面建成小康社会目标指引下，中央提出了到 2020 年实现我国现行标准下农村贫困人口脱贫、贫困县全部"摘帽"、解决区域性整体贫困的脱贫攻坚目标。中国的减贫成就举世瞩目，如此宏大的脱贫目标世所罕见。到2020年实现全面精准脱贫是党的十九大提出的三大攻坚战之一，是重大的社会目标和政治任务，中国的贫困地区在此期间也将发生翻天覆地的变化，而变化的过程注定不会一帆风顺或云淡风轻。记录这个伟大的过程，总结解决这个世界性难题的经验，为完成这个攻坚战献计献策，是社会科学工作者应有的责任担当。

2016年，中国社会科学院根据中央做出的"打赢脱贫攻坚战"战略部署，决定设立"精准扶贫精准脱贫百村调研"国情调研特大项目，集中优势人力、物力，以精准扶贫为主题，集中两年时间，开展贫困村百村调研。"精准扶贫精准脱贫百村调研"是中国社会科学院国情调研重大工程，有统一的样本村选择标准和广泛的地域分布，有明确的调研目标和统一的调研进度安排。调研的104个样本村，西部、中部和东部地区的比例分别为57%、27%和16%，对民族地区、边境地区、片区、深度贫困地区都有专门的考虑，有望对全国贫困村有基本的代表性，对当前中国农村贫困状况和减贫、发展状况有一个横断面式的全景展示。

在以习近平同志为核心的党中央坚强领导下，党的十八大以来的中国特色社会主义实践引导中国进入中国特色社会主义新时代，我国经济社会格局正在发生深刻变化，脱贫攻坚行动顺利推进，每年实现贫困人口脱贫1000多万人，贫困人口从2012年的9899万人减少到2017年的3046万人，在较短时间内实现了贫困村面貌的巨大改观。中国社会科学院组建了一百支调研团队，动员了不少于500名科研人员的调研队伍，付出了不少于3000个工作日，用脚步、笔尖和镜头记录了百余个贫困村在近年来发生的巨大变化。

根据规划，每个贫困村子课题组不仅要为总课题组提供数据，还要撰写和出版村庄调研报告，这就是呈现在读者面前的"精准扶贫精准脱贫百村调研丛书"。为了达到了解国情的基本目的，总课题组拟定了调研提纲和问卷，要求各村调研都要执行基本的"规定动作"和因村而异的"自选动作"，了解和写出每个村的特色，写出脱贫路上的风采以及荆棘！对每部报告我们都组织了专家评审，由作者根据修改意见进行修改，直到达到出版要求。我们希望，这套丛书的出版能为脱贫攻坚大业写下浓重的一笔。

中共十九大的胜利召开，确立习近平新时代中国特色社会主义思想作为各项工作的指导思想，宣告中国特色社会主义进入新时代，中央做出了社会主要矛盾转化的重大判断。从现在起到2020年，既是全面建成小康社会的决胜期，也是迈向第二个百年奋斗目标的历史交会期。在此期间，国家强调坚决打好防范化解重大风险、精准脱贫、污染防治三大攻坚战。2018年春节前夕，习近平总书记到深度贫困的四川凉山地区考察，就打好精准脱贫攻坚战提出八条要求，并通过脱贫攻坚三年行动计划加以推进。与此同时，为应对我国乡村发展不平衡不充分尤其突出的问题，国家适时启动了乡村振兴战略，要求到2020年乡村振兴取得重要进展，做好实施乡村振兴战略与打好精准脱贫攻坚战的有机衔接。通过调研，我们也发现，很多地方已经在实际工作中将脱贫攻坚与美丽乡村建设、城乡发展一体化结合在一起开展。可以预见，贫困地区的脱贫攻坚将不再只局限于贫困户脱贫，我们有充分的信心从贫困村发展看到乡村振兴的曙光和未来。

是为序！

李培林

全国人民代表大会社会建设委员会副主任委员

中国社会科学院副院长、学部委员

2018 年 10 月

前　言

　　消除贫困、改善民生，逐步实现共同富裕，是中国特色社会主义的本质要求，也是我们党的重要历史使命。宁夏中南部贫困山区是集革命老区、生态脆弱地区、贫困地区于一体的特殊困难地区，通过精准扶贫精准脱贫战略以及闽宁协作扶贫的实施，实现了贫困人口脱贫和生态修复的"双赢"。党的十八大以来，以习近平同志为核心的党中央把贫困人口脱贫攻坚作为全面建成小康社会的底线任务和标志性指标，在全国范围内打响了脱贫攻坚战。党的十九大报告强调打赢脱贫攻坚战，这是党中央根据我国脱贫攻坚形势和全面建成小康社会目标要求做出的一项重大决策。党的十九届四中全会进一步提出，"坚决打赢脱贫攻坚战，巩固脱贫攻坚成果，建立解决相对贫困的长效机制"，具有非常重大的战略指导意义。2020 年 6 月，习近平在宁夏考察时强调，决胜全面建成小康社会，决战脱贫攻坚，继续建设经济繁荣、民族团结、环境优美、人民富裕的美丽新宁夏，为宁夏推进全面脱贫与乡村振兴战略有效衔接指明了方向。党的十八大以来，宁夏回族自治区党委带领全区干部群众，攻坚克难，持之以恒抓精准扶贫精准脱贫，推动全区脱贫攻坚工作取得了明显成效，贫困群众的生产生活条件得到极大的改善，全区脱贫攻坚迈出了关键性步伐。

村庄是以农业为主的经济活动空间聚落，也是乡村聚居社会的载体和农村居民发展的平台。我国是一个传统农业国家，村庄在我国历史发展的长河中具有重要的地位，是我国社会文明的发源地，对村庄经济社会活动进行深入研究有利于实现全面建成小康社会目标并促进社会和谐发展。党和国家高度关注"三农"问题，出台了一系列旨在促进农业农村发展的政策和文件，精准扶贫精准脱贫、社会主义新农村建设、美丽乡村建设的全面推进极大地推动了我国农村各项事业的发展，特别是党的十九大提出实施乡村振兴战略，更是将乡村发展建设提升到一个新的高度。本课题中宁夏永宁县原隆村具有多重研究价值，一是原隆村的村民来自宁夏南部贫困山区的原州区和隆德县，生态移民搬迁后短短数年就实现了整村脱贫，对生态移民搬迁的效果进行研究；二是通过闽宁协作扶贫模式，对我国东西部协作扶贫这种模式进行总结研究；三是对生态移民迁出区对比研究，找寻脱贫攻坚与生态恢复双赢之路。

宁夏永宁县闽宁镇，是一个生态移民小镇，移民搬迁之前是茫茫戈壁滩，风吹沙石跑，干旱不长草。经过 20 年的发展壮大，曾经的戈壁荒滩变成了现代化的生态移民示范镇，祖祖辈辈生活在宁夏南部贫困山区的农民通过移民搬迁来到这里，走上了脱贫致富之路。习近平总书记亲自命名帮扶，李克强总理亲自给这里的村民回信，闽宁镇的诞生与兴起，承载了党和国家领导人的亲切关怀，倾注了闽、宁两地各级领导的心血，先后荣获"全国社会扶贫先进集体"和"全国民族团结进步模范集体"称号，创造了东西扶贫协作的"闽宁模式"。

原隆村是宁夏回族自治区"十二五"期间规划建设的永宁县境内最大的生态移民村，位于闽宁镇镇区以北，因安置的移民群众均来自宁夏南部贫困山区的原州区和隆德县而得名。2010年规划建设，2012年实施移民搬迁，至2016年末共搬迁七批移民1998户10515人。在国家精准扶贫精准脱贫政策引领下，原隆村紧紧围绕"搬得出、稳得住、逐步能致富"的目标，以加强移民群众正面教育引导为切入点、加强民风建设，以促进移民增收和关注民生为核心、积极培育发展主导产业，以创新和加强社会管理为重点、加快民族团结进步创建步伐，呈现了民族团结、社会稳定、经济快速发展、移民安居乐业的良好局面。原隆村主要产业以肉牛养殖、葡萄和红树莓种植、光伏农业为主，形成以葡萄种植、畜牧养殖、劳务输出和第三产业为主的产业发展格局。

闽宁协作扶贫，铺就了一条脱贫攻坚的康庄大道。早在1997年4月，时任福建省委副书记、对口帮扶宁夏领导小组组长的习近平第一次来到宁夏南部山区，被这里的贫困状态所震撼，他主导的闽宁协作扶贫模式改变了无数贫困家庭的命运，宁夏永宁县原隆村就是闽宁协作扶贫的一个典范。在脱贫攻坚过程中，从不适合人居住的宁夏南部贫困山区搬迁到生产生活条件较好的永宁县，在党和国家领导人的关心下，在福建省的大力帮扶下，通过完善基础设施，实施产业带动，实施资产收益，实施政策兜底等措施，大部分生态移民实现了脱贫奔小康，成为中国扶贫攻坚伟大工程的一个缩影。通过总结原隆村精准扶贫精准脱贫实践，总结可学习、可复制、可推广的精准扶贫精准脱贫模式，探索我国深度贫困地区可资借鉴的扶贫方式。

本课题共有七章。第一章为导论，介绍了课题研究背景和研究思路。第二章为反贫困理论与宁夏实践，对反贫困理论进行综述，简要回顾了宁夏南部贫困地区扶贫开发概况，探讨了闽宁协作扶贫模式。第三章为宁夏永宁县闽宁镇原隆村概况，介绍了县情与镇情、原隆村移民搬迁情况，并与迁出区进行对比。第四章为原隆村移民人口结构与村庄建设，包括原隆村移民安置、建档立卡贫困户人口结构分析以及原隆村村庄建设。第五章为原隆村产业扶贫模式研究，总结了特色种植产业扶贫模式、光伏现代农业扶贫模式、肉牛养殖产业扶贫模式、劳务产业扶贫模式、服务业产业扶贫模式和农村其他副业发展情况。第六章为原隆村社会事业，总结了便民服务、教育事业、医疗卫生、社会保障、文化体育、美丽乡村建设等情况。第七章为原隆村经济社会发展面临的挑战与建议，分析了原隆村经济社会发展面临的挑战，提出了加快原隆村经济社会发展的对策建议。

目 录

第一章

导　论

宁夏银川市永宁县闽宁镇，是一个生态移民小镇，移民搬迁之前是茫茫戈壁滩，风吹沙石跑，干旱不长草。经过 20 年的发展壮大，曾经的戈壁荒滩变成了现代化的生态移民示范镇，祖祖辈辈生活在宁南贫困山区的农民通过移民搬迁来到这里，走上了脱贫致富之路。习近平总书记亲自命名帮扶，李克强总理亲自给这里的村民回信，闽宁镇的诞生与兴起，承载了党和国家领导人的亲切关怀，倾注了闽、宁两地各级领导的心血，先后荣获"全国社会扶贫先进集体"和"全国民族团结进步模范集体"称号，创造了东西扶贫协作的"闽宁模式"。

　　原隆村位于闽宁镇镇区以北，因安置的移民群众均来自宁南贫困山区的原州区和隆德县而得名。2010 年规划建设，2012 年实施移民搬迁，至 2016 年末共搬迁七批移民

10515人。短短的6年时间，从不适合人居住的宁南贫困山区搬迁到生产生活条件较好的永宁县，在党和国家领导人的关心下，在福建省的大力帮扶下，通过完善基础设施，实施产业带动，实施政策兜底等措施，大部分移民实现了脱贫奔小康，成为中国扶贫攻坚伟大工程的一个缩影。

第一节　研究背景

党的十八大以来，以习近平同志为核心的党中央把扶贫开发摆到治国理政的重要位置，提升到事关全面建成小康社会、实现第一个百年奋斗目标的新高度，纳入"五位一体"总体布局和"四个全面"战略布局进行决策部署。中共中央、国务院出台了坚决打赢脱贫攻坚战的决定，向全党、全社会发出了脱贫攻坚令，特别是2016年7月20日习近平总书记在银川召开的东西部扶贫协作座谈会上，再次发出了精准扶贫精准脱贫攻坚战的"冲锋令"。党的十九大报告提出实施乡村振兴战略，坚决打赢脱贫攻坚战。中央精准扶贫精准脱贫决策部署上升为国家意志，在党的十九大报告中做了专门表述，要求坚决打赢脱贫攻坚战，深入实施东西部协作扶贫。中央及各部委出台一系列脱贫攻坚政策，大幅增加扶贫投入，采取超常规举措，为精准扶贫精准脱贫提供了坚强保障。

宁夏中部干旱带和南部山区合称为中南部地区，是集革命老区、生态脆弱地区、贫困地区于一体的特殊困难地区，被国家确定为六盘山集中连片特困地区，包括固原市原州区、西吉县、隆德县、泾源县、彭阳县、海原县、同心县、盐池县、吴忠市红寺堡区9个国家级扶贫开发重点县（区），既是我国14个集中连片特殊困难地区之一，也是宁夏脱贫攻坚的主战场。经过30多年的扶贫开发，历经"三西"农业建设（1983~1993年）、"双百"扶贫攻坚（1994~2000年）、千村扶贫整村推进（2001~2010年）、百万贫困人口扶贫攻坚（2011~2015年）四个阶段，宁夏中南部贫困地区累计减少贫困人口300万人，建档立卡贫困人口从2011年的101.5万人下降到2016年的41.8万人，实现了贫困地区脱贫致富与生态建设的双赢，为民族团结、社会和谐稳定做出了贡献。特别是改革开放以来，宁夏扶贫开发实现了从输血式、救济式扶贫向造血式、开发式扶贫转变，从分散帮扶、普惠扶持向精准扶贫、精准脱贫转变，形成了党政主导、全社会参与的工作新机制，专项扶贫、行业扶贫、社会扶贫"三位一体"大扶贫格局不断巩固提升，全区扶贫开发工作取得辉煌成就，中南部地区面貌发生了脱胎换骨的变化。

自治区党委政府把脱贫攻坚作为全区经济社会发展全局的重中之重决策部署，宁夏回族自治区第十二次党代会提出实施创新驱动、脱贫富民、生态立区三大战略，打造全国脱贫攻坚示范区。自治区党政主要领导与全区5个地级市、20个县（市、区）党政主要负责同志签订了脱贫攻坚责任书，向 26 个相关厅局下达了脱贫攻坚任务书。各级干部思脱贫、谋发展的信心更加坚定，广大群众盼致富、奔小康的愿望更加强烈，全社会同参与、共帮扶的氛围更加浓厚。一是大幅改善了贫困群众的生产生活条件。移民搬迁到近水、靠城、沿路的区域，安置区基础设施配套完善，安置区实现了"七通八有"，移民就近务工方便，饮水安全得到保障，子女享受到良好教育，医疗设施基本齐全；移民居住集中，公共服务设施建设、运行成本降低，服务质量提高，人居环境极大改善。移民基本生产生活条件得到根本改变，为移民群众奠定了脱贫致富的基础。二是切实促进了水土资源利用效率。在引黄扬黄灌溉区开发利用荒地安置生态移民，促进了引黄扬黄灌溉区土地资源的合理开发和有效利用，实现了扶贫和开发"双赢"的目标，发挥了最大的投资效益。通过对所有生态移民村发展高效节水农业，采取喷灌、滴灌、小管出流等多种高效节水模式，经济效益明显提高，使有限的水资源得到充分利用。三是特色产业发展初具规模。为促进生态移民增收致富，各县区采取多种措施，大力支持移民培育发展设施种养业、节水农业，引导移民走优质、高产、高效的现代农业路子，彻底改变了移民群众广种薄收、靠天吃饭的传统农业发展方式。四是社会管理明显加强。移民安置县（区）把加强移民新村社会管理放在重要位置，统筹推进，着力解决社会管理滞后问题。各迁入地都建立健全了移民新村基层各类组织和"两委"班子，配备得力村干部，落实各项制度，加强移民新村社会管理，和谐稳定的移民新村正在形成。

从全国看，宁夏贫困区域占比全国最高，集中连片贫困区域面积占 54%，贫困人口集中分布在中南部地区 9 个县（市、区）。宁夏小康社会实现程度低，较全国平均水平低 10 个百分点，中南部地区经济发展指数大多低于 50%，全面建成小康社会任务艰巨而繁重。从全国集中连片特困地区看，宁夏中南部地区贫困地区 GDP、地方财政收入等主要指标依然落后，农民人均可支配收入增幅位于 14 个集中连片贫困区后列，较六盘山片区低 1.7 个百分点，较全国 14 个集中连片贫困片区平均水平低 1.6 个百分点。贫困发生率高，贫困程度深，扶贫成本高，脱贫难度大，区域性整体贫困问题依然突出。从全区看，由于贫困地区农民人均可支配收入基数低，虽然近年来增幅高于全区平均水平，但收入差距拉大的趋势未得到扭转。在经济发展新常态下，农民可支配收入中工资性收入占比下降，且增幅趋缓；受农产品价格"天花板"下压、农业生产成本"地板"抬升的双重挤压，生产经营性收入空间收窄；转移性收入虽然逐年增长，但占比较小；财产性收入成为增收的最大短板，缩小发展差距的任务依然艰巨。

2016 年 7 月习近平总书记视察宁夏，7 月 19 日上午，习近平总书记来到宁夏回族自治区银川市永宁县闽宁镇原隆村，实地察看福建和宁夏合作开展移民搬迁安置和脱贫产业发展情况，为我们明确了"努力实现经济繁荣、民族团结、环境优美、人民富裕，确保与全国同步建成全面小康社会"的奋斗目标，厘清了发展的思路和重点，指明了发展的方向和路径。自治区第十二次党代会要求全面打赢脱贫攻坚战，打造全国脱贫攻坚示范区，全面建成小康社会，实现中华民族伟大复兴中国梦的第一个百年目标。

一要确保2020年现行标准下农村贫困人口全部脱贫。这是自治区党委、政府向党中央立下的军令状，向全区人民做出的庄严承诺，要把打赢脱贫攻坚战作为民生工作的重中之重，坚定信心，一步一个脚印，稳扎稳打、扎实推进，确保小康路上一户不少、一人不落。

二要在精准脱贫上下功夫。紧盯建档立卡贫困人口，因地制宜、因情施策、因势利导，统筹实施"五个一批"工程，做到扶持对象精准、项目安排精准、资金使用精准、措施到户精准、因村派人精准、脱贫成效精准。积极稳妥推进8万建档立卡贫困人口易地搬迁脱贫，统筹解决自发移民、劳务移民中存在的问题，做到搬得出、稳得住、管得好、逐步能致富。在稳定可持续上下功夫，完善贫困地区基础设施、公共服务，推进教育扶贫、健康扶贫、就业扶贫，解决好因病因灾返贫问题，降低返贫率。

三要建立支持贫困地区发展的长效机制。坚持不懈抓产业扶贫、金融扶贫、生态扶贫，推动资源要素向西海固聚集，加快移民安置区发展，发展壮大村级集体经济，增强贫困地区和贫困群众自我发展能力，用勤劳的双手创造脱贫致富奔小康的幸福生活。

四要进一步完善贫困地区基础设施和社会保障体系。加强农田水利和配套设施建设，大力实施土地整理、灌溉节水改造、农业综合开发和盐渍化耕地改造、排水设施改造、节水灌溉示范区等重大项目，把生态移民新村建设成为现代高效节水农业示范区。进一步加大公共财政对贫困县区社会保障制度建设的投入，积极建立和完善农村社会养老保险、医疗保险、社会救助以及移民社会互助，协调引导建立以法定基本社会保障为主体，乡村集体保障、家庭储蓄保障和群众互助保障相结合的多层次社会保障体系。

五要加强基层组织建设。完善、创新管理机制，切实加强贫困村组织建设，制定完善的责任目标管理体系，明确村干部的分工和相应的职责范围，并建立相应的考核、监督、奖惩制度，特别要防范有限的脱贫资金被"小官大贪"，建立多策并举机制，提高扶贫资金管理能力。

宁夏永宁县闽宁镇结合发展实际，制定了贯彻习近平总书记来宁视察重要讲话精神，全面打造闽宁协作移民扶贫富裕小康示范镇方案，确定了"围绕一个目标，打造五个示范，抓好四个重点"的"154"工作思路：即习近平总书记提出的"闽宁镇探索出了一条康庄大道，我们要把这个宝贵经验向全国推广"这一目标；打造东西协作、生态移民、现代农业、新农村建设和深化改革五个示范；抓好生态立镇、产业强镇、旅游兴镇和改革活镇、加快建设美丽富裕新闽宁四个重点。推动输血式扶贫向精准脱贫转变、全面脱贫向致富奔小康转变、外延式发展向内涵式发展转变，努力在为民造福的康庄大道上继续前进。要认真贯彻党的十九大精神，让党的十九大精神在宁夏落地生根，积极贯彻落实宁夏回族自治区第十二次党代会精神，实干兴宁，大力实施脱贫富民工程，打造全国脱贫攻坚示范区，为实现经济繁荣、民族团结、环境优美、人民富裕、与全国同步建成全面小康社会目标而奋斗。

第二节 研究方法与思路

一 研究方法

本课题的研究方法，一是区域分析与结构分析相结合，对宁夏永宁县闽宁镇原隆村经济社会发展进行综合调查，以民族经济学为基础，以经济地理学为核心，建构民族地区经济社会发展的区域分析方法；二是实证分析与规范分析相结合，实证分析侧重于研究对象（宁夏永宁县闽宁镇原隆村经济社会发展，下同）的客观描述，规范分析侧重于对研究对象的理性判断，同时在实证分析的基础上升华到理论的高度，达到理论与实践相互补充和结合的目的；三是定性分析与定量分析相结合，通过定性分析对研究对象进行描述性研究，通过建立计量模型的定量分析对研究对象进行深度研究；四是动态分析与静态分析相结合，综合分析民族地区经济社会发展的特征和运行规律；

五是理论分析与对策建议相结合，课题研究通过理论分析要在理论上有所突破，在此基础上通过理论分析与对策建议相结合的方法，为民族地区经济社会发展的社会实践服务。

二　研究思路

本项调查力图全面反映宁夏回族自治区永宁县闽宁镇原隆村的人口与民族结构、人文历史、经济发展及扶贫开发、民族宗教、社会管理、文化教育与科技、生态环境等方面的现实情况，重点内容是政府扶贫开发政策在永宁县闽宁镇原隆村的实施、该县的具体脱贫措施及其效果以及民族宗教和谐的成因。调查采用搜集资料、问卷调查、访谈的传统方式，计划调查的县直单位主要包括宗教局、发改委、扶贫办、农业局、教育、卫生、文化等部门，基层的乡镇、典型村、清真寺、企业等选点将视具体情况决定。本研究思路如下：搜集前人的研究成果（论著、论文等），搜集宁夏永宁县闽宁镇原隆村有关数据资料、地方政府及相关部门的文献资料；进行典型案例的调查分析，撰写相关的调研报告；对宁夏永宁县闽宁镇原隆村经济、社会、文化、历史等进行分析和对比研究；对宁夏永宁县闽宁镇原隆村经济社会发展战略进行研究；对宁夏永宁县闽宁镇原隆村经济社会发展提出相应的对策建议。

第二章

反贫困理论与宁夏实践

宁夏回族自治区中南部山区，是革命老区、生态脆弱地区，也是全国最贫困的地区之一。扶贫开发以及精准扶贫精准脱贫是党中央针对贫困地区发展不平衡的实际情况，为缓解和消除贫困，最终实现共同富裕而采取的一项重大战略措施。宁夏回族自治区党委、政府结合宁夏实际，集中人力、物力、财力，动员社会各界力量，在国家安排和福建省"闽宁协作"扶贫机制下，宁夏扶贫实践取得了显著效果。

第一节 反贫困理论

一 关于贫困问题的定义

对于贫困的定义我国学术界进行了长期深入的研究。从研究内容来看，学者们的看法经历了一个层面逐步扩展和内涵不断深化的过程，即从传统的经济贫困发展到更深层次的人文贫困，因为经济问题只是贫困的表面现象，而贫困深层的原因在于人的基本能力的缺乏。据此，可将贫困的定义总结归纳为以下三类。

（一）经济层面的定义

着眼于物质生活、收入状况、消费水平等经济因素。如有学者认为，贫困就是低收入水平和低生活水平；有学者认为，贫困就是个人或家庭靠劳动所得和其他合法收入不能维持最基本的生存需求；也有学者认为，贫困指在特定环境下人们处于长时期不能合法获得足够的劳动收入来维护生理上的要求，不能达到社会上可以接受的基本生活标准的状态。

（二）社会层面的定义

着眼于从社会生活的相关性上来定义贫困。如有学者认为，贫困是经济、社会和文化落后的总称，是由低收入造成的基本物质、基本服务相对缺乏以及发展机会缺少的一种状况。有学者认为，贫困是一种生活状况，指的是人口长期不能获得基本的物质生活和社会活动机会，以致不能维持生理、社会、文化方面的基本要求。也有学者认为，贫困指的是在健康长寿、获取知识和利用资源方面得不到满足，从而限制了人的选择。

（三）核心层面的定义

着眼于贫困人口的精神思想、价值观念和文化知识与专业技能。如有学者认为，21世纪的贫困是知识贫困，它不仅仅指教育水平低，还指在获取、吸收和交流知识能力或途径上的缺乏。也有学者指出，贫困就是缺少达到最低生活水平的能力。还有学者指出，贫困应该定义为精神贫困，指的是思想观念不能与社会发展相适应。

二 贫困类型

（一）资源约束型贫困和能力约束型贫困

前者指的是资金、土地和基础设施等原因导致的贫困，又可细分为边际土地型贫困和资源结构不合理型贫困。后者指的是贫困人口或贫困家庭劳动力缺乏正常智力、体力和必要的劳动能力导致的贫困，又可细分为丧失劳动能力型贫困和缺乏专业技能型贫困。这是从成因划分的。

（二）物质型贫困和文化型贫困

前者指的是由于物质生活资料不能满足人的基本需求的一种状况，又可细分为食物、住房、生活用品等的贫困；后者指的是文化生活资料缺乏以及社会生活地位低下。

（三）群体贫困和个体贫困

前者指的是某些种族、民族、阶层、群体有较高的贫困发生率；后者指的是某一个人或某一家庭的贫困。这是从分布形态划分的。

（四）绝对贫困和相对贫困

前者指的是吃不饱、穿不暖的生活状态；后者指的是衣、食、住行之外的基本生活需要得不到满足的生活状态。这是从程度来划分的。

（五）区域性贫困和非区域性贫困

前者指的是广泛而又集中地发生在某一特定区域之中的贫困，又可细分为农村贫困和城市贫困；后者指的是分散地发生在某些成员之中的贫困。这是从发生的空间来划分的。

（六）生存贫困、生活贫困和发展贫困

生存贫困指缺乏基本的生活条件或资料；生活贫困指

虽然解决了温饱问题，但缺乏较高层次的生活资料；发展贫困指在共同富裕的道路上虽然生活水平有了较大提高，但文化生活相对落后，综合素质受到制约。这是从综合内容来划分的。

三　精准扶贫

（一）精准扶贫的内涵

精准扶贫，是粗放扶贫的对称，是指针对不同贫困区域环境、不同贫困农户状况，运用科学有效的程序对扶贫对象实施精确识别、精准帮扶、精确管理的治贫方式。也就是说，谁贫困就扶持谁。用老百姓的话说，就是"对症下药，药到病除"。精准扶贫包括精准识别、精准帮扶、精准管理和精准考核四个方面的内容。

精准识别是精准扶贫的首要环节和重要基础，它是指通过一系列科学的程序和标准，将贫困地区、贫困县和贫困户准确地识别出来，避免扶贫政策的实施出现"大水漫灌"的现象。精准识别还强调，对贫困对象的识别程序要民主、科学和透明，识别结果要公平、公正和公开，最终将最贫困、最需要帮扶的对象识别出来。

精准帮扶是精准识别的下一个环节，是精准扶贫的关键。所谓精准帮扶，就是在贫困居民精准识别后，针对扶贫对象的具体情况，确定帮扶人并制定相应的帮扶措施。精准帮扶不同于以往"一刀切"的帮扶方式，"精准扶贫下的帮扶将充分考虑贫困村和贫困户的实际致贫原因，在此基础上设计具有针对性的帮扶措施和手段"。

精准管理是精准扶贫的保证。精准管理首先是指利用信息系统，对每个扶贫对象实时监测，了解他们的动态情况，以便及时将已脱贫对象退出和将新贫困对象纳入系统。同时，精准管理还意味着阳光操作管理，即严格管理扶贫资金，保证扶贫专项资金在阳光下进行。另外，精准管理也是扶贫事权管理，要求明确各部门权责，各级按照自身事权开展扶贫工作，共同推进精准扶贫。

精准考核是对精准识别、精准帮扶和精准管理工作实际效果的检验。根据制定的量化指标，定期进行考核，精细、准确地评价各级部门的工作成效，避免以往形式化的扶贫做法。精准考核的建立，一方面，强化了扶贫工作人员的责任意识，提高了他们的工作积极性；另一方面，政府通过考核指标全局掌控扶贫工作，确保扶贫资金、扶贫项目真正落到实处。

（二）精准脱贫的概念

精准脱贫即精准摆脱贫困，精准扶贫是为了精准脱贫。要设定时间表，实现有序退出，既要防止拖延病，又要防止急躁症。要留出缓冲期，在一定时间内实行"摘帽不摘政策"。要实行严格评估，按照摘帽标准验收。要实行逐户销号，做到脱贫到人，脱贫没脱贫要同群众一起算账，要群众认账，防止平均主义掩盖大多数。

（三）精准扶贫、精准脱贫思想的形成

党的十八大召开不久，习近平总书记在河北省阜平县考察扶贫工作时指出："帮助困难乡亲脱贫致富要有针对性，要一家一户摸情况，做到心中有数""不要用'手榴弹炸跳蚤'"。2013年11月3日，习近平总书记在湖南湘西调研扶贫工作时首次提出"精准扶贫"的重要思想。明确提出扶贫工作"要科学规划、因地制宜、抓住重点，不断提高精准性、有效性和持续性""要实事求是，因地制宜""要精准扶贫，切忌喊大口号，也不要定好高骛远的目标"。总书记在湖南湘西调研结束后，中共中央、国务院印发了《关于创新机制扎实推进农村扶贫开发工作的意见》，国务院扶贫办等机构出台《关于印发〈建立精准扶贫工作机制实施方案〉的通知》《关于印发〈扶贫开发建档立卡工作方案〉的通知》，对精准扶贫工作模式的顶层设计、总体布局和工作机制等都做了详尽规制，推动了习近平精准扶贫思想的全面展开。

2014年3月两会期间，在参加广西代表团审议时，习近平强调，要把扶贫攻坚抓紧抓准抓到位，坚持精准扶贫，倒排工期，算好明细账，绝不让一个少数民族、一个地区掉队。这进一步阐释了精准扶贫理念。2015年6月，习近平总书记来到与云南毗邻的贵州省，强调要科学谋划好"十三五"时期扶贫开发工作，确保贫困人口到2020年如期脱贫，并提出扶贫开发"贵在精准，重在精准，成败之举在于精准"，并就如何切实做到精准扶贫

做出解释，提出了"六个精准"［扶持对象精准、项目安排精准、资金使用精准、措施到户精准、因村派人（第一书记）精准、脱贫成效精准］和"四个一批"。"精准扶贫"成为各界热议的关键词。2015 年 10 月底，在由中国共产党第十八届中央委员会第五次全体会议通过的"十三五"规划建议中，实施精准扶贫、精准脱贫成为共享发展理念的重要内容。2015 年 11 月举行的中央扶贫开发工作会议上，习近平又指出，要坚持精准扶贫、精准脱贫，重在提高脱贫攻坚成效。关键是要找准路子、构建好的体制机制，在精准施策上出实招、在精准推进上下实功、在精准落地上见实效。2015 年 11 月，中共中央政治局召开会议审议通过《关于打赢脱贫攻坚战的决定》，32 次提到"精准"。确定 5 年实现 7000 万贫困人口精准脱贫，并提出到 2020 年通过产业扶持、转移就业、易地搬迁、教育支持、医疗救助等措施解决 5000 万人左右贫困人口脱贫，完全或部分丧失劳动能力的 2000 多万人口全部纳入农村低保制度覆盖范围，实行社保政策兜底脱贫。

2016 年 7 月 18~20 日，中共中央总书记、国家主席、中央军委主席习近平到宁夏视察，在宁夏考察的第一站就是西吉县将台堡（1936 年 10 月，红军三大主力在会宁和将台堡会师，标志着二万五千里长征胜利结束）。习近平总书记说，长征永远在路上。这次专程来这里，就是缅怀先烈、不忘初心，走新的长征路。如今是实现"两个一百年"奋斗目标的新长征。我们这一代人要走好我们这一代人的长征路。习近平总书记在宁夏视察期间，深入农村、企业、革命传统教育基地，就落实"十三五"规划、推动经济社会发展、推进脱贫攻坚工作进行调研考察。习近平总书记讲话中说："全国还有5000万贫困人口，到2020年一定要实现全部脱贫目标。这是我当前最关心的事情。"习近平总书记在宁夏银川市主持召开东西部扶贫协作座谈会并发表重要讲话，他强调："东西部扶贫协作和对口支援，是推动区域协调发展、协同发展、共同发展的大战略，是加强区域合作、优化产业布局、拓展对内对外开放新空间的大布局，是实现先富帮后富、最终实现共同富裕目标的大举措，必须认清形势、聚焦精准、深化帮扶、确保实效，切实提高工作水平，全面打赢脱贫攻坚战。"

第二节　宁夏南部贫困地区扶贫开发概况

宁南山区的西海固地区，是一个典型的集中连片特殊贫困地区，素有"苦瘠甲天下"之称，被联合国粮食计划署列为不适宜人类生存的地方。西海固扶贫的历史，是宁夏扶贫的缩影，也是全国扶贫的缩影，西海固扶贫的经验也是中国特色扶贫开发道路的体现。

一 "三西"农业建设阶段——吊庄移民（1983~1992年）

1982年12月，中央决定成立"三西"地区农业建设领导小组，从1983年开始，由中央财政每年拨出2亿元专项资金，用于"三西"的农业基础建设。宁夏区内的西海固地区获得3400万元专项资金。为此，结合"三西"建设之初，国务院制定的"有水路走水路，有旱路走旱路，水旱不通另找出路"的指导方针，宁夏制定了《西海固农业建设规划》，并采取了以下一系列综合开发措施。

（一）走旱路，修复生态

针对当时生态破坏极为严重、且还会继续加重的趋势，自治区党委、政府采用"反弹琵琶"的方式，提出了"种树种草、发展畜牧，改造山河、治穷致富"的口号，从种树种草入手，在保障口粮供应的前提下，解决燃料、饲料问题，停止破坏生态，做到不铲草皮、不挖甘草、不乱砍树、不滥开荒；同时进行农村能源建设，推广省柴灶、节煤炕、沼气池、太阳能灶、风力发电等的建设和使用，加强了对林草的管护和科研，使生态恶化状况有了转机。

（二）走水路，兴修水利

面对干旱少雨、坡陡难耕、灌溉和人畜饮水的困难，自治区党委、政府高度重视农田水利建设，先后开工建设了一批大型扬水工程，如同心扬黄灌溉区工程、固海扬黄灌溉工程、盐环定扬黄工程等；新建和加固维修了一批中小型农田水利工程，扩大了灌溉面积；建成了同心东部等一批人畜饮水工程，大大缓解地了人畜饮水困难；大力开展旱作基本农田建设和小流域治理，以基本农田建设为"重头戏"、以小流域为单元，实行山、水、田、林、草、路统一规划、综合治理。农田水利工程的建设，改善了生产生活条件，增强了抗御自然灾害的能力。

（三）另找出路，吊庄移民

立足于宁夏区域经济的山、川二元结构，自治区党委、政府在"三西"建设之初，做出了"以川济山、山川共济"的战略决策。在川区和引黄、扬黄灌溉区开垦土地建立吊庄，搬迁安置西海固山区的贫困人口，让山区的贫困人口在川区安居乐业、脱贫致富。自1983年以来，经过近20年的拓荒开发，在川区和引黄、扬黄灌区开垦土地83万亩，建立吊庄移民基地25处，成功地搬迁安置了西海固山区贫困人口41.2万人。宁夏吊庄移民是"三西"扶贫开发建设工程的重要组成部分，它将宁夏山川的人地资源加以合理配置，成为西海固山区贫困农民脱贫致富和宁夏河套平原再造的双赢战略。

（四）定点包乡，社会帮扶

为了加快西海固地区的脱贫步伐，自治区党委、政府提出了"定点包乡、目标管理、限期脱贫"的要求和初步解决温饱的目标。从1986年开始，从区直机关单位抽调干部，组成驻乡扶贫工作组，包扶贫困带、贫困片上的重点贫困乡。从 1991 年开始，改部门包乡扶贫由自治区党委、人民政府、人大、政协、顾委、纪委、宁夏军区七大领导机关牵头，组织区直经济实力较强的部门参加，实行部门联系具扶贫的办法，继续开展更大范围的部门帮扶工作。在社会帮扶工作中，包乡部门与驻乡工作组的同志紧紧围绕解决温饱、治穷致富的目标，发扬动感情、动脑筋、动真格的"三动"精神，与当地干部群众同心协力、艰苦奋斗，做了大量实事、好事，解决了贫困地区的实际困难。

二 "八七"扶贫攻坚阶段——"双百"扶贫攻坚（1993~2000 年）

为了进一步解决农村的贫困问题，缩小东西部地区差距，实现共同富裕的目标，国务院决定，从 1994 年到 2000 年，集中人力、物力、财力，动员社会力量，力争用 7 年左右时间，基本解决了全国农村 8000 万贫困人口的温饱问题。为此，国务院制定了《国家"八七"扶贫攻坚计划》。根据国家的扶贫攻坚计划，自治区党委、政府制定了《宁夏"双百"扶贫攻坚计划》，计划用 7 年时间解决 100 个贫困乡（镇）、100 多万贫困人口的温饱问题。这一阶段，以稳定地解决大多数农户的温饱、稳定地解决群众收入来源为中心，扶贫开发工作进行了扬黄灌溉、发展县域经济、劳务输出 3 个开发式扶贫工程。

（一）扶贫扬黄灌溉，兴水治旱、生态移民

针对西海固地区旱灾频繁，自治区党委、政府确立了"充分利用'三水'（天上水、地表水、地下水），大力建设'三田'（三亩基本农田）"的指导方针，坚持不懈修梯田、修塘坝、打井窖。同时，申请国家实施"利用黄河两岸广阔、平坦的干旱荒原，扬黄河之水，建设200万亩灌区，将山区不具备生产、生活条件的100万人口迁往灌区，从根本上解决贫困问题的构想"，即后来的"1236工程"。中国西部一个有计划、有组织、全国最大的扶贫移民开发区——红寺堡移民开发区应运而生，大批贫困山区的农民搬到红寺堡扬黄灌区。红寺堡移民，不但合理开发和有效利用了扬黄灌区的土地资源、使贫困地区的群众走上了脱贫致富的道路，而且保护和恢复了迁出区的生态环境，取得了良好的社会效益和生态效益，也体现了"三西"建设"另找出路"的指导方针和"以川济山、山川共济"的开发战略。

（二）扶贫对口支援，闽宁互助、东西协作

1996年，宁夏回族自治区党委、政府根据全国扶贫协作工作会议及《国务院办公厅转发国务院扶贫开发领导小组关于组织经济较发达地区与经济欠发达地区开展扶贫协作报告的通知》，积极主动与福建省委、政府洽谈协商，积极探索对口扶贫协作的新形式、新机制、新方法，在经济、科技、教育、文化、卫生、干部培养等各个方面开展了广泛合作，实施了"井窖工程""坡改梯工程""移民工

程""菌草产业扶贫工程",援建了一批闽宁希望学校、农村科技文化活动中心、卫生所、妇幼保健中心、职业培训中心等项目,并开展劳务输出、互派干部挂职锻炼,支持发展特色农业和农产品加工,扩大了企业交流与合作,取得了丰硕成果,成为全国东西部协作的典范。

(三)扶贫项目引资,瞄准贫困、扶贫到户

在"双百"扶贫攻坚阶段,自治区先后引进世界银行贷款项目——秦巴项目、世界粮食计划署援助的扶贫与环境改良项目——"4071"项目、加拿大国际开发署无偿援助项目——中·加对应基金永宁县闽宁镇原隆村扶贫项目。秦巴项目(1998~2004年),是我区第一个利用世界银行贷款进行的跨地区、跨行业、大规模、综合性扶贫到户项目,其中宁夏区的项目覆盖少数民族聚居、贫困人口集中、扶贫攻坚难度最大的西吉、海原、同心、泾源4个国家贫困县。"4071"项目(1994~1999年),在宁夏南部山区的固原、彭阳、隆德县的13个乡146个行政村实施包括水利与灌溉、水土保持、造林、梯田、人畜饮水、乡村道路、扫盲和技术培训、草场改良、农业发展、退耕补偿、妇女参与发展以及妇女保健和微量营养元素13项技术内容的项目开发建设。中·加对应基金永宁县闽宁镇原隆村扶贫项目(1991~1995年),开展妇幼服务及卫生医疗、发展水浇地、机修农田、建设清真粉丝厂4项建设内容。外资项目的引进,不仅发挥了显著的经济效益、社会效益和生态效益,也大大加快了扶贫开发的进度,而且也引进了国际社会的项目管理经验。

三 新世纪扶贫开发阶段——千村扶贫开发
（2001~2010 年）

随着《国家"八七"扶贫攻坚计划》的实施，我国农村温饱问题得到部分解决，全国 592 个国家贫困县的贫困人口覆盖率从 70% 降低到 61.9%，县内贫困发生率从 30% 降到 9%。西部贫困人口占全国的 60.57%，一方面贫困人口越来越集中于自然条件非常恶劣的贫困地区，另一方面非重点贫困县的相对贫困人口比重上升。进入新世纪，党的十六大做出了全面建设小康社会、加快推进社会主义现代化建设步伐的战略部署，2001 年中央召开全国扶贫工作会议，国务院制定了《中国农村扶贫开发纲要（2001~2010 年）》，这标志着中国扶贫开发进入了一个新的阶段。

宁夏的扶贫对象呈现多样化的特征，主要是绝对贫困和相对贫困并存，相对集中贫困和分散插花贫困并存。这些贫困人口，生活在山大沟深、交通不便、自然环境十分恶劣的土石山区和干旱山区，居住相对分散，贫困程度深、自我发展能力弱，缺乏基本的生产生活条件，扶贫的难度极大。另外，已经解决温饱问题的贫困人口标准还很低，很不稳定，返贫率较高。扶贫开发的形势依然严峻。自治区党委、政府根据《中国农村扶贫开发纲要（2001~2010 年）》精神，制定了《宁夏农村扶贫开发规划（2001~2010 年）》和《千村扶贫开发工程实施意见》，以期尽快解决少数特困人口的温饱问题，巩固已经基本解决温饱人口的扶贫成果，最终实现稳定解决温饱的目标。为此，宁夏的扶贫开发实施了两大战略、五大举措。具体如下。

（一）两大战略：千村扶贫战略（2001~2004年）和"一体两翼"战略（2005~2010年）

千村扶贫战略（2001~2004年）。自治区针对分布在干旱风沙区、干旱半干旱黄土丘陵沟壑区和半阴湿土石山区的西吉、海原、固原、隆德、泾源、彭阳、盐池、同心、中卫、灵武、红寺堡等10个县1个区148个乡镇1026个行政村，把集中连片的贫困区域作为今后扶贫开发的重点，集中力量，重点扶持；同时，进一步加强川区零星插花贫困乡村的扶贫开发工作，重视做好残疾人的扶贫解困工作。

"一体两翼"战略（2005~2010年）。"一体"就是以实施"整村推进"扶贫开发规划为切入点，努力改善生产生活条件；"两翼"就是以培训促进劳动力转移为切入点、努力提高农村人口素质为一翼，以扶持扶贫龙头企业为切入点、努力带动贫困地区调整农业结构为一翼。

（二）五大举措：整村推进、产业扶贫、提升素质、恢复生态、劳务输出

整村推进。2005年，自治区确定将剩下的777个重点贫困村分三批进行"整村推进"，每批实施期为两年，每个村每年投入50万元，两年100万元。按照"五通、一平、四有、六个一"的目标（"五通"，即通水、路、电、

广播电视、电话；"一平"，即水平梯田；"四有"，即有学校、有文化活动中心、有医疗服务中心、有畜牧兽医服务点；"六个一"，即每户改善一处人居环境、建设一个养殖棚圈、搞好一项养殖业、开展一项特色种植、掌握一门实用技术、输出一个剩余劳动力），实行统一规划，整合资源、分步实施、强力推进。

产业扶贫。21世纪以来，自治区党委、政府启动实施了"十万贫困户养殖业工程"和"百万亩种草工程"，随着辅助的小额信贷养殖业工程、贫困地区特色产业发展工程、万户菌草产业扶贫工程的开展实施，各市县的特色产业梯次崛起，菌草种植、大棚瓜果蔬菜、舍饲养殖等现代设施农业快速发展。

提升素质。21世纪以来，自治区党委、政府高度重视教育扶贫，提出"让初中毕业升不了高中、高中毕业升不了大学的孩子都能接受职业教育"的民生工程，计划每个市建一所职业教育学院，每个县建一个职业教育中心。我区开展了"百万农民培训活动"和"万名劳务输出培训工程"，对重点贫困县青壮年农民进行生产和就业技能、实用技术和科技文化培训。同时，围绕整村推进工程，对贫困地区县乡领导干部、扶贫系统干部、重点贫困村党支部书记村主任、妇女干部、项目管理干部、产业带头人、大学生村官等进行重点培训。

恢复生态。2000年，宁夏中部干旱带和固原地区开始退耕还林还草生态建设试点工作，2001年出台《宁夏回族自治区退耕还林（草）试点实施方案》，2002年进入全面实施阶段。自治区党委、政府逐步明确了"生态优先、草畜为主、特色种植、产业开发"的发展思路。2003 年 5 月 1 日起，宁夏全区实行全面封山禁牧，发展舍饲养殖。2008 年，自治区政府出台《宁夏六个百万亩生态经济林建设项目总体规划》，规划造林 613.2 万亩，其中人工造林 453.2 万亩、封山育林 160 万亩。

劳务输出。21 世纪以来，自治区党委、政府把劳务输出确定为西海固四大支柱产业之一，与有关市、县签订了"劳务输出责任书"，建立和完善了区、市、县、乡、村"五级联保"的输出机制。劳务输出成为农民增收的"铁杆庄稼"。

新世纪扶贫开发阶段，宁夏坚持不懈地加强农业基础设施建设，加强交通、通信、能源等农村基础设施建设，加强农村产业结构调整，加大科技扶持力度，积极发展教育卫生事业，大力开展劳务输出，加快移民吊庄建设，各项扶贫措施"对症下药"，合力攻坚，取得了显著的成效。

四 "大扶贫"阶段——百万贫困人口扶贫攻坚（2011~2015 年）

"十二五"开局之年，国家颁布了《中国农村扶贫开发纲要（2011~2020 年）》，确立了专项扶贫、行业扶贫、社会扶贫的"大扶贫"格局。提高扶贫标准，加大投入力度，把连片特困地区作为主战场，把稳定解决扶贫对象温饱、尽快实现脱贫致富作为首要任务。2011 年，我国制定了新的扶贫标准（2300 元），按此标准，宁夏对应的扶贫对象为 101 万人。自 2011 年开始，宁夏扶贫开发进入了百万贫困人口扶贫攻坚阶段。一方面，通过生态移民等攻坚工程，解决不宜生存、不宜发展地方的 35 万群众的脱贫致富问题，进一步统筹推进新村建设、产业培育、公共服务等各项工作；另一方面，整体推进，加大力度，解决其他 65 万贫困群众的脱贫致富问题，与实施生态移民工程同步进行。

五　宁夏"十二五"生态移民完成情况

（一）宁夏"十二五"生态移民基本情况

宁夏"十二五"期间规划对中南部地区 7.88 万户 34.6 万人实施生态移民搬迁，涉及固原市原州区、西吉县、隆德县、泾源县、彭阳县、盐池县、同心县、海原县及吴忠市红寺堡区 9 个县（区）91 个乡镇 684 个行政村 1655 个自然村。为加快脱贫攻坚进程，2011 年自治区启动了"十二五"中南部地区易地扶贫搬迁工程。5 年来，在国家的大力支持下，在自治区党委、政府的坚强领导下，各地各部门精心组织、奋力拼搏，易地扶贫搬迁工作取得明显成效。全区累计完成投资 123 亿元，通过土地权属处置批准安置区用地 9 万亩，批复建设移民安置区 161 个，建成移民住房 7.75 万套，搬迁安置移民 7.65 万户 32.9 万人，完成"十二五"生态移民规划任务的 95.09%（见图 2-1）。

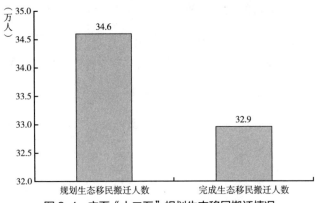

图2-1 宁夏"十二五"规划生态移民搬迁情况

资料来源:《宁夏"十二五"中南部地区生态移民规划》,下同。

(二)生态移民职业结构

移民区通过大力发展设施农业、特色种植业、高效养殖业,使移民群众彻底从过去低效农业生产中解放出来;鼓励移民依托靠城、沿路居住的便利条件,从事加工、运输、建筑、餐饮、商贸以及旅游服务等二、三产业;通过培育发展劳务产业,培育特色产业,完善商贸服务设施等致富产业,培育后续发展产业。据调查统计,在生态移民中,大约有20%的搬迁户从事第三产业,45%的搬迁户从事劳务输出,35%的搬迁户从事种植业和养殖业,劳务输出成为生态移民增收的主要方式(见图2-2)。

(三)生态移民收入稳步增长

为了保证农户搬得出、稳得住、能致富,在移民安置时把培育产业作为重中之重,因地制宜、积极有效地促进移民产业发展。通过技能培训提高移民的生产技能,多

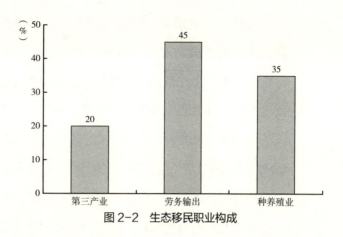

图2-2 生态移民职业构成

方面多途径拓宽增收渠道和致富空间。移民人均收入由原来的1678元提高到现在的3415元。年人均纯收入在2000~2400元的移民占搬迁总数的12.6%，人均纯收入在2400~2800元的移民占搬迁总数的45%，人均纯收入在2800元以上的移民占搬迁总数的42.4%（见图2-3）。

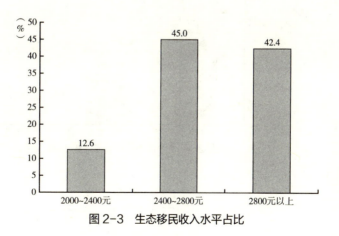

图2-3 生态移民收入水平占比

（四）生态移民增收途径明显拓宽

引导移民发展特色种养、交通运输、商贸服务等多种经营，拓宽增收渠道。加强移民实用技术和务工技能培训，提高转移就业能力。引进企业在移民安置区投资建厂或建设农业生产基地，发展劳动密集型产业，吸纳移民就近务工。移民收入结构明显变化，务工收入占家庭总收入的 67.8%，种养收入占 23.5%，转移支付等其他收入占8.7%，形成了以特色种养收入为基础、劳务收入为主体的增收格局（见图 2-4）。移民收入水平稳步增长，绝大部分移民已初步跨越贫困线。移民村累计建设养殖圈棚 3.19万座，大中型拱棚 1.28 万亩，日光温室 0.35 万亩；发展马铃薯、枸杞、葡萄、中药材等特色种植业 21.68 万亩；开展移民培训 12.55 万人次，实现务工就业 11.85 万人。

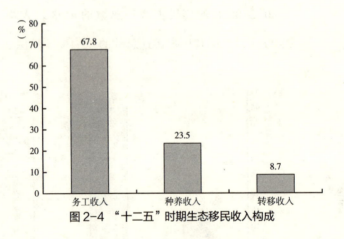

图 2-4 "十二五"时期生态移民收入构成

（五）生态移民迁出区生态修复状况良好

移民搬迁后，人为破坏生态环境的行为明显减少，大大减轻了迁出区的生态环境压力，既巩固了退耕还林成果，又达到了恢复生态的目的，实现了脱贫致富与生态建设的"双赢",促进了人与自然的和谐发展。通过实施固原和中部干旱带黄土丘陵地区坡耕地水土流失综合治理工程,在葫芦河、茹河、洪河流域和海原、同心、盐池南部划定水土流失重点治理区域实施封禁养育,加快了植被恢复。实施海原、同心、灵武、盐池北部沙漠化治理工程,进一步完善和落实退牧还草政策,综合治理退化草原、恢复草地植被,有效遏制了生态环境的恶化。

2013 年,宁夏回族自治区制定出台了对历次移民迁出区 1272.1 万亩土地进行生态修复和保护的意见,其中实施封禁保护自然修复 879.7 万亩,安排人工生态修复 380.1 万亩(见图 2-5)。对 12.3 万亩原水域、水利设施和道路进行保护并服务于生态修复。人工生态修复中,林业工程造林 76 万亩,经果林 2.1 万亩;草地建设与保护工程人工种草 56 万亩,补播改良 244 万亩。通过自然修复与人工治理相结合,全面加强生态移民迁出区生态建设与修复,切实改善了生态移民迁出区的生态环境质量。

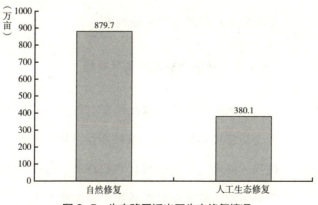

图 2-5　生态移民迁出区生态修复情况

六 宁夏"十二五"期间生态移民主要成效

（一）大幅改善了贫困群众的生产生活条件

移民搬迁到近水、靠城、沿路的区域，安置区基础设施配套完善，安置区实现了"七通八有"，移民就近务工方便，饮水安全得到保障，子女享受到良好教育，医疗设施基本齐全；移民居住集中，公共服务设施建设、运行成本降低，服务质量提高，人居环境极大改善。移民基本生产生活条件得到根本改变，为移民群众奠定了脱贫致富的基础。

（二）切实促进了水土资源利用效率

在引黄扬黄灌溉区开发利用荒地安置生态移民，促进了引黄扬黄灌区土地资源的合理开发和有效利用，实现了扶贫和开发的"双赢"目标，发挥了最大的投资效益。通过对所有生态移民村发展高效节水农业，采取喷灌、滴灌、小管出流等多种高效节水模式，经济效益明显提高，使有限的水资源得到充分利用。

（三）特色产业发展初具规模

为促进生态移民增收致富，各县区采取多种措施，大力支持移民培育发展设施种养业、节水农业，引导移民走优质、高产、高效的现代农业路子，彻底改变了移民群众广种薄收、靠天吃饭的传统农业发展方式。同时，加大剩余劳动力转移就业力度，引导移民从事劳务输出、商贸流通、交通运输等服务业，拓宽了移民致富渠道。

（四）社会管理明显加强

各移民安置县（区）把加强移民新村社会管理放在重要位置，统筹推进，着力解决社会管理滞后问题。各迁入地都建立健全了移民新村基层各类组织和"两委"班子，配备得力村干部，落实各项制度，加强移民新村社会管理，和谐稳定的移民新村正在形成。

第三节　闽宁协作扶贫

东西部合作最早源于 1982 年中央组织的经济发达地区对少数民族地区的对口支援和经济协作，1996 年，国务院扶贫开发领导小组制定了关于组织经济较发达地区与经济欠发达地区开展扶贫协作的战略，并确定了福建与宁夏的帮扶关系。1997 年 7 月 15 日，在时任福建省委副书记习近平同志的倡导下，福建、宁夏两省区在第二次联席会上确定，共同投资建设闽宁村，作为两省区合作的窗口和平台。2001 年 12 月 7 日，经自治区政府批准，在闽宁村的基础上成立了闽宁镇。闽宁镇从无到有、从弱到强，不断发展壮大，见证了闽宁携手从单向扶贫到互利共赢的发展历程。

东西部合作是中央对地方政府政治动员的结果，也存在地方政府之间自愿互利的经济协作关系。东西部协作形成了三大帮扶机制：政府年度联席会议制度、结对帮扶制度、三大行为（政府行为、企业行为、社会行为）帮扶制度。闽宁协作形成了互派干部挂职制度，由闽宁双方协商确定项目，由闽方挂职干部掌管资金使用和项目运作等。

东西部协作扶贫是一种特殊的转移支付制度安排，是地方之间的收入再分配方式，中央通过政治和道义来从发达地区动员扶贫资金，避免了对发达地区提高税收的压力，也给地方政府一定的自主权。经济协作主要关注比较优势和廉价资源，促进了民营经济对贫困地区的投资，但一般是协议项目多而落实项目少，政府组织的劳务输出往往工资水平较低，希望政府组织劳动力的企业往往经济效益本身欠佳。东西部合作存在一定的计划色彩。

2016 年 7 月 20 日，习近平总书记在宁夏银川市主持召开东西部扶贫协作座谈会并发表了重要讲话。他强调，东西部扶贫协作和对口支援，是推动区域协调发展、协同发展、共同发展的大战略，是加强区域合作、优化产业布局、拓展对内对外开放新空间的大布局，是实现先富帮后富、最终实现共同富裕目标的大举措，必须认清形势、聚焦精准、深化帮扶、确保实效，切实提高工作水平，全面打赢脱贫攻坚战。闽宁协作扶贫已经成为全国东西部合作，共同实施扶贫攻坚、精准扶贫的典范。

第三章

永宁县闽宁镇原隆村概况

第一节　县情与镇情

一　永宁县概况

宁夏回族自治区银川市永宁县地处银川平原引黄灌区中部，东临黄河、西靠贺兰山，位于银川市区以南，县域总面积934平方公里。辖5镇1乡1个街道办事处2个国有农场，即杨和街道、杨和镇、李俊镇、望远镇、望洪镇、闽宁镇、胜利乡，宁夏农垦所管辖的黄羊滩农场、玉泉营农场（见图3-1）。

图 3-1　永宁县区位图

截至 2016 年底，永宁县总人口 239930 人，出生率 11.80 ‰，死亡率 4.30 ‰，自然增长率 7.49 ‰。其中，城镇人口 119965 人，农村人口 119965 人，城镇化率 50%；男性人口 120988 人，女性人口 118942 人；汉族人口 188252 人（占总人口的 78.46%），回族人口 50176 人（占总人口的 20.91%），其他少数民族人口 1502 人（占总人口的 0.63%）。"十二五"期间，永宁县生态移民和劳务移民总任务 4328 户 17800 人，其中生态移民 2128 户 9300 人（见表 3-1）、劳务移民 2200 户 8500 人；实际移民 2112 户 9938 人。"十二五"期间，永宁县建成劳务移民住房 935 套，区上批复搬迁劳务移民 7 批 856 户 3381 人。其中，搬迁隆德县劳务移民 676 户 2509 人、原州区劳务移民 180 户 731 人。望远人家安置 183 户 586 人、闽宁镇镇区安置 550 户 2192 人、保乐力加贺兰山（宁夏）葡萄酒业有限公司葡萄种植基地安置隆德 123 户 496 人。实际入住 707 户，其中保乐力加 83 户（其余的 40 户由于保乐力加更换葡萄品种暂不需要劳动力没有搬迁）、望远人家178 户（批复 4 户嫌房小没有搬）、闽宁镇实际入住 446 户，其余农户没有抓房号也没来。

表 3-1　永宁县"十二五"期间生态移民安置情况

单位：户、人

项目			生态移民	
			计划	已搬迁
迁出区	原州区	户数	806	805
		人数	3300	3736
	隆德县	户数	1322	1307
		人数	5455	6202
小计		户数	2128	2112
		人数	8755	9938
迁入区	原隆村	户数		1982
		人数		9357
	杨显村	户数		100
		人数		427
	武河村	户数		30
		人数		154
	生态移民套房			2120
	下差套房			-8

2016 年，全县地区生产总值约为 125.36 亿元，增长4%。其中，第一产业产值约为 14.97 亿元，第二产业产值约为 68.66 亿元，第三产业产值约为 41.73 亿元，三产占比为 11.9∶54.8∶33.3。人均地区生产总值 5.29 万元，低于银川市平均值（7.43 万元）约 28.8%。规模以上工业增加值约 37.1 亿元，增长 7.3%；全社会固定资产投资

额 172.62 亿元；社会消费品零售额 18.56 亿元，增长 8%；全县城镇常住居民人均可支配收入为 2.69 万元（比上年增长 7.4%），农村常住居民人均可支配收入达到 1.19 万元（比上年增长 7.9%）。[①][②] 永宁县土地总面积 140.1 万亩，其中农用地面积 94 万亩，建设用地面积 15.1 万亩，其他土地面积 31 万亩；[③] 截至 2016 年底，粮食作物播种面积 33.65 千公顷（产量 26.69 万吨），油料作物播种面积 0.32 千公顷（产量 0.07 万吨）；全县主要畜禽中牛、生猪、羊、家禽年末存栏分别为 4.11 万头、2.19 万头、14.57 万只、117.99 万只，肉牛、生猪、肉羊、家禽出栏分别为 3.38 万头、4.412.19 万头、20.01 万只、151.70 万只。永宁县 2016 年当年造林面积 0.47 千公顷，年末实有封山育林面积 1.90 千公顷。2016 年全县养殖面积达 1334 公顷，水产品产量 8038 吨。[④]

气候特征。永宁县属中温带干旱气候区，夏季炎热少雨，冬季寒冷干燥。多年平均降水量约为 201.4 毫米，多年平均蒸发量约为 1470.1 毫米，显示区域内降水稀少、蒸发强烈，加之降水季节分配不均匀，主要集中于 7、8、9 三个月；年平均气温 8.7℃，年太阳总辐射 141.7 千卡 / 平方厘米，年日照时数达 2866.7 小时，≥ 10℃ 的积温平均

---

① 资料来源：《宁夏经济要情手册（2016）》。
② 资料来源：宁夏永宁政府网。
③ 资料来源：强化顶层设计、推进城乡统筹、着力打造全区城乡统筹发展示范县——永宁县推进城乡发展一体化工作材料，2014 年 12 月。坚定不移推进城乡一体化发展、打造"永宁模式"——永宁县推进城乡一体化发展汇报材料，2013 年 11 月。
④ 资料来源：《宁夏经济要情手册（2016）》。

为 3245.6℃，无霜期 167 天，表明区域光能资源丰富、日照长、有效积温高，满足多数农作物生长发育的需要；历年平均风速为 2.4 米／秒，最大风速为 18 米／秒，大风天数（超过八级大风）平均为 3.5 天，全年大风多集中在春季（占全年大风天数的 63%），年平均沙暴日数为 3.2 天。

地貌特征。永宁县地势西高东低，呈西南向东北倾斜状，县境内有以下五个地貌单元。①贺兰山地：位于县境西北部，北起单岭子，南至小沟口，呈南北走向。②洪积扇地：由贺兰山洪积物冲积而成的倾斜平原。地面因受水蚀、风蚀，布满碎石，属温带荒漠草原，是永宁县牧区。③河流阶地：洪积扇以东至黄河冲积平原间，由于黄河的变迁上切，造成了河流阶地。④风沙地：地表沙丘起伏，部分为平沙地，北部沙化程度重，南部略轻，为果林新区。⑤黄河冲积平原：由于黄河在历史上的改道和淤积程度不同，造成星罗棋布、大小不等的湖泊沼泽。

自然资源。水资源：黄河流经永宁县境内 32.5 公里，西干、唐徕、汉延、惠农四大干渠由南向北纵灌全县。矿产资源：永宁县境内蕴藏有丰富的矿产资源，主要有铁、膏盐矿、石灰矿、黏土矿、磷矿石、贺兰石、水晶、石英等矿。植物资源：珍珠草、马莲、针茅、小黄蒿、沙蒿、文冠果、花棒、沙枣、马齿苋、车前子、猫头刺、油松、云杉、山杨、山柳、白桦、杜松、灰榆、酸枣、蒙古扁桃、狭叶锦鸡儿等。

旅游资源。永宁县集黄河、大漠、高山、湿地、田园等景观于一体，展现了一幅迷人的塞外风光；境内纳家户清真寺、明代长城、李俊塔等古迹是宁夏回族自治区重点文物保护单位。永宁县四大文化旅游重点项目包括三沙源国际生态文化旅游假区项目、黄河金岸·华夏河图项目、中华回乡文化园二期项目、中阿文化城项目。

二 闽宁镇概况

永宁县闽宁镇是一个纯移民乡镇，1990 年 10 月，自治区党委、政府从西吉、海原两县通过易地搬迁方式建立的吊庄（玉泉营和玉海经济开发区两处吊庄）发展而成的移民乡镇。1996 年，党中央国务院部署实施东西对口扶贫协作，福建省对口帮扶宁夏。1997 年 7 月 15 日，福建、宁夏两省区第二次联席会议确定，共同投资在上述吊庄移民点成立闽宁村，作为两省区合作的窗口和平台。2001 年 12 月 7 日，经自治区人民政府批准，在闽宁村的基础上成立了闽宁镇。

闽宁镇位于首府银川市南端、贺兰山东麓、永宁县西部，地处贺兰山东麓旅游观光带精华地段。东临西干渠，110 国道贯穿镇区，南与青铜峡市邵岗镇甘城子相接，北至西夏王陵，距银川市区 50 公里、永宁县城 40 公里。辖区南北长 22.5 公里，东西宽 3.5 公里，区域面积 201.6 平方公里（包括闽宁镇原行政区划范围、原隆村规划用地范围、中粮集团和德龙集团用地范围），下辖 6 个行政村（原隆村、福宁村、武河村、园艺村、玉海村、木兰村）、86 个村民小组（见图 3-2）。

2016 年末，闽宁镇户籍人口 8870 户 4.4 万人（实际常住人口超过 6.6 万人），① 其中回族人口占总人口的 83%，镇区常住人口约为 2.15 万人。全镇共有自发移民 22209 人，其中有地有房 4882 人、有地无房 494 人、有房无地 15255 人、无房无地 1578 人。闽宁镇城镇化率达 56.8%。

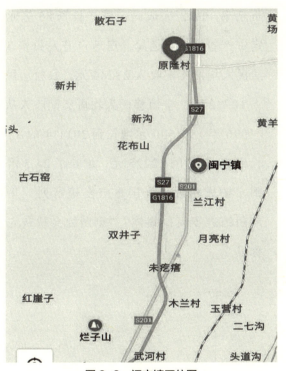

图 3-2　闽宁镇区位图

2014 年，闽宁镇实现地区生产总值 4.67 亿元，其中第一产业 0.57 亿元，第二产业 2.0 亿元，第三产业 2.1 亿元；完成固定资产投资 8.57 亿元，实现社会消费品零售

---

① 由于闽宁镇属于纯移民镇，部分常住人口户籍信息在原户籍地，故而统计数据低于实际常住人口数。

总额 3.2 亿元，规模以上工业增加值 1.9 亿元，农林牧渔业总产值 1.08 亿元，粮食播种面积 1312 公顷，产量 8668 吨；农村居民人均可支配收入 9002 元，城镇化率达 53.9%。2016 年，闽宁镇实现地区生产总值 5.7 亿元，人均 GDP 约 36739 元；工农业总产值 3.2 亿元，现代农业发展水平 51.5%，工业化发展水平 19.8%，科技进步贡献率 49%；完成固定资产投资 85 亿元，民间资本固定资产投资 7.4 亿元，房地产开发投资 3.8 亿元；城镇居民人均可支配收入 23246 元，农村居民人均可支配收入 10732 元。全镇移民人均可支配收入从开发建设初期（1996 年）的 500 元增长到 2011 年的 3549 元，继而增长到 2016 年的 12225 元，增长了 24.5 倍（见图 3-3）。闽宁镇成功进入全国重点乡镇行列，并获得"全国民族团结进步模范集体""全国社会扶贫先进集体"荣誉称号。

图 3-3 2011~2016 年闽宁镇人均可支配收入

自然条件。闽宁镇自然条件优越，地处贺兰山洪积平原的中下部，地形平坦开阔，大部分地域海拔在1130~1190米。年均降水量202毫米，蒸发量2058毫米，全年平均气温8.6℃，气候干爽宜人，光照充足，热量丰富，属全国乃至世界上生产优质酿酒葡萄的最佳生态区之一，被誉为"东方的波尔多"。

特色产业。闽宁镇特色产业鲜明，五大支柱产业为"种葡萄、养黄牛、育菌草、抓劳务、建园区"。①种植产业。建成武河、原隆2个生态移民葡萄标准化生产示范村；引进建成了中粮长城云漠、轩尼诗、德龙、立兰、巴格斯等13座酒庄。全镇葡萄种植面积6.2万亩，葡萄酒年产量2.6万吨，移民种植葡萄亩均增收3000元以上。宁夏青禾农牧科技有限公司投资1.2亿元建成宁夏最大的红树莓生产基地（建成2700亩红树莓种植示范园）。闽宁镇前期建成500亩黑枸杞种植基地，2016年底完成黑枸杞扩量1000亩，并成立木兰红枸杞合作社，散户整村推进红枸杞1500亩，稳步推进枸杞种植业发展，持续带动群众就业增收。②养肉牛建草畜基地。按照"企业＋基地＋农户"的发展模式，建成壹泰牧业万头肉牛养殖基地，全面建设闽宁镇万亩草畜基地和现代化肉牛加工企业。引进长春皓月肉牛养殖基地、振发"光伏＋养殖"项目，肉牛养殖规模持续扩大，草畜产业发展势头强劲，肉牛托管分红模式成效显著。2016年，新增肉牛存栏5000头，羊16000头；投资2600万元，新建成宁夏壹泰丰生物有机肥厂，年产能6万吨，预计年销售收入达 600 万元；投资 1300 万元，建成年产能 3 万吨的泰和润饲料加工厂，预计年销售收入达 2400 万元。截至 2016年末，全镇肉牛存栏量达到 1.7 万头，肉羊存栏 7.2 万只，全镇养殖企业市场销售额达到 1.7 亿元；[1][2] 引进投资 2亿元建设黑毛驴养殖基地；投资 2800 万元建成药用蝎子养殖园，投放种蝎 4800 公斤，养殖成熟后销售额近亿元；晓鸣农牧闽宁智慧农业扶贫产业园项目开工建设，占地面积 127 亩，计划投资 3 亿元，打造中国蛋鸡产业生物安全第一品牌。③育菌草产业。闽宁镇位于贺兰山东麓，光热资源丰富，光伏产业已初具规模（用地面积为 1590亩），建成温室大棚 588 座，其中菌草产业作为一项扶贫产业，被政府推广种植，成为农民创收的一项重要产业。④劳务输出增效益。自治区、银川市、永宁县、闽宁镇各级党委及政府积极采取措施，构建完善闽宁劳务输出体系，逐步解决当地民众的就业问题，增加农民收入，为维护民族团结、良好治安、社会稳定做出了积极贡献。主要措施包括：建成宁夏生态移民培训示范基地，成立生态移民创业就业服务中心，开设与区市县联网的闽宁镇劳务市场，搭建了移民培训、就业平台，积极扶持发展个体经营户，为发展养殖、种植及商贸服务的人员发放创业担保贷款，等等。⑤建工业园区。加快推进"一城两园"建设，加大招商引资力度，闽宁扶贫产业园

---

[1]　新消息报：《闽宁镇——对口扶贫的宁夏样本》，2017 年 10 月 11 日，http://www.nxnews.net/zt/2017/sjd/nxwn/nxwnwz/201710/t20171011_4393535.html。

[2]　《宁夏·永宁县闽宁镇三年小康发展规划（2017~2019 年）》，2017 年 6 月。

（县委、县政府投资 1.5 亿元，占地 1750 亩）先后引进福建亚通、南安青川管业等 6 家企业落地建设，形成了镇区 201 省道两侧集商贸、餐饮、服务为一体的服务业发展格局。其中，宁夏青川管业已建成投产，闽宁产业城银峰铝业、金强建材、人和管业等企业已经正式投产、试投产，2016 年底计划新增产值 20 亿元。

精准扶贫、精准脱贫。2015 年，闽宁镇村组三级干部对全镇 2013 年建档立卡的 1537 户 6511 人进行四次贫困户入户调查，按照现行贫困标准（2800 元）和"公平、公正、公开"的原则，对三年来通过产业扶持、社会保障等扶贫政策实现脱贫的 1461 户 6144 人实施精准退出。2016 年，闽宁镇实有贫困人口 76 户 367 人。针对贫困户因病、因学、因残和缺资金、缺技术、缺劳力等致贫原因（其中，因病 33 人，占 9%；因学 125 人，占 34%；因老、因残，缺乏劳动能力 84 人，占 23%；因子女多 55 人，占 15%；因缺资金、缺技术 70 人，占 19%），坚持分类指导，突出"对症下药"，实施产业扶持脱贫 84 人，教育保障脱贫 139 人，劳务输出脱贫 83 人，金融服务脱贫 79 人，社会兜底脱贫 131 人，切实把脱贫措施精准落实到每一个贫困户、每一个贫困群众。针对 76 户建档立卡贫困户，永宁县大力推行"一户四牛一棚一电站"的"4+1+1"脱贫模式，全力打好精准脱贫攻坚战，确保 2016 年底全镇现有贫困户全部脱贫。

第二节　原隆村移民搬迁

一　精准扶贫精准脱贫

原隆村规划安置移民1998户近10000人。2010年规划建设，2012年5月开始搬迁，至2013年搬迁安置11个村民小组1441户6609人，其中回族人口691户3258人（占2013年总人口的49.3%），汉族750户3351人（占总人口的50.7%）；移民主要来自六盘山生态（森林）保护区和地震断裂带的原州区、隆德县。至2016年9月搬迁结束，共搬迁安置14个村民小组1998户10578人，其中回族705户3337人（占总人口的近32%），汉族1293户7241人（68%），移民均来自隆德、原州区的奠安、山河、凤岭、温堡、中和、三营、炭山、开城、张易等县区。2014年全村有建档立卡户709户3235人，2014至2015年底陆续退出691户，2016年确定精准扶贫户70户（新增52户）351人，通过"4+1+1"项目扶持模式，到2016年底每户分红资金达到2.8万元，全部实现脱贫。

根据62份调查问卷数据，截至2016年底原隆村建档立卡户47户，占样本量的76%；非建档立卡户15户，占样本量的24%。其中，建档立卡户中一般贫困户28户，占建档立卡户的60%；低保户9户，占建档立卡户的19%；低保贫困户8户，占建档立卡户的17%；脱贫户2户，占建档立卡户的4%。

在 47 户建档立卡户中，其中 1 户数据缺失，有效样本量 46 户。其中，认为本村安排的扶贫项目非常合理的 2 户，占有效样本量的 4%；比较合理的 31 户，占有效样本量的 68%；一般合理的 5 户，占有效样本量的 11%；不太合理的 1 户，占有效样本量的 2%；很不合理的 1 户，占有效样本量的 2%；说不清的 6 户，占有效样本量的 13%。

认为本村截至 2016 年底扶贫效果非常好的 3 户，占有效样本量的 7%；比较好的 25 户，占有效样本量的 54%；一般好的 9 户，占有效样本量的 19%；不太好的 3 户，占有效样本量的 7%；很不好的 0 户；说不清的 6 户，占有效样本量的 13%。

认为本户安排的扶贫措施非常合适的 1 户，占有效样本量的 2%；比较合适的 27 户，占有效样本量的 59%；一般合适的 10 户，占有效样本量的 22%；不太合适的 3 户，占有效样本量的 7%；很不合适的 0 户；说不清的 5 户，占有效样本量的 10%。

认为本户截至 2016 年底扶贫效果非常好的 2 户，占有效样本量的 4%；比较好的 23 户，占有效样本量的 50%；一般好的 8 户，占有效样本量的 17%；不太好的 7 户，占有效样本量的 15%；很不好的 1 户，占有效样本量的 2%；说不清的 5 户，占有效样本量的 12%。

二 旧貌换新颜

1996 年，福建和宁夏启动对口扶贫协作，2010 年规划建设原隆村，使得闽宁镇原隆村的面貌发生了巨大的变化。由昔日荒无人烟的不毛之地，变成了 1 万多贫困山区移民安居乐业的特色村镇、生态移民示范村。贫困山区通过移民搬迁走上了脱贫致富之路（见图 3-4）。

图 3-4　原隆村航拍

（张万静拍摄，2017 年 5 月）

第三节　与迁出区比较

一　与迁出区收入比较

"十二五"期间，尽管宁夏城乡居民收入、山川农民可支配收入差距继续呈不平衡态势，但区域不平衡性相对减弱。2010~2015 年，宁夏城乡居民收入绝对差距从 9967.9 元扩大到 16067.3 元，沿黄灌区与中南部地区农民可支配收入绝对差距由 2010 年的 2610.0 元增至 2015 年的 4003 元。但城乡收入比从 2010 年的 2.94∶1 下降到 2015 年的 2.76∶1，灌区与山区收入比由 1.72∶1 降为 1.59∶1，差距均呈现相对缩小的态势（见表 3-2、图 3-5）。

表 3-2　2010~2015 年宁夏灌区与贫困地区农民可支配收入区域对比

单位：元

年份	全区农民平均可支配收入	灌区农民可支配收入	中南部贫困地区农民可支配收入	灌区、贫困地区农民收入比
2010 年	5125	6222	3612	1.72∶1
2011 年	5931	7149	4193	1.70∶1
2012 年	6776	8143	4856	1.68∶1
2013 年	7599	9104	5550	1.64∶1
2014 年	8410	10023	6227	1.61∶1
2015 年	9119	10821	6818	1.59∶1

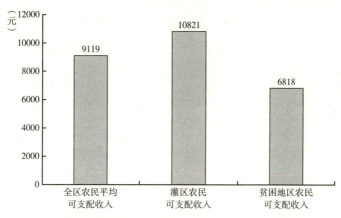

图 3-5　2015 年贫困地区农民可支配收入与全区、灌区比较

搬迁前的农户原居住于原州区与隆德县的贫困山区，大多居住于窑洞中，水电等基础设施不健全，农户之间相隔较远，亲戚之间来往不易，看病就医或者购买生活物品等都需要花费很长时间，安全性也没有保证，尤其学生上学需要长途跋涉至学校，有些学生甚至天不亮就步行上学、日落西山才能回到家中，中午都是在学校吃从家中携带的饼子充饥。由于自然条件及经济条件的制约，原州区和隆德县的贫困人口较多，生活非常不易。因此，国家实行"吊庄移民""生态移民"等政策，将自然条件恶劣的山区人民搬迁至适合生活的地区，极大地改善了这部分贫困人口的人居环境。搬迁至原隆村的农户，家家可以住砖瓦房、户户通电通水、柏油路直通入户、学校就在房门前、探亲访友更频繁、买菜购物更方便、看病就医便捷，而且农户的娱乐活动更加丰富，居民的幸福感增强，农户的生活水平和质量得到极大改善。

二 生态移民迁出区生态修复成效明显

迁出区的生态环境脆弱，适合种植农作物的耕地面积较少，但是为了生存，农户只能开垦坡耕地，且又无法实现定期灌溉，只能"靠天吃饭"，农作物的收成较低，有些年份甚至颗粒无收，致使当地的民众生活非常贫困。加上不合理地开发利用土地资源，对当地的地表植被破坏严重，遇到强降雨会形成严重的水土流失，致使当地的生态环境破坏严重。原住地的农户搬迁后，国家及宁夏、固原各级政府采取退耕还林还草、小流域综合治理、坡耕地生态恢复及部分适合种植的坡耕地梯田改造等一系列措施，不断恢复原州区和隆德县的生态环境，现如今，可以看到迁出区一片片松树林、灌丛、梨树、红梅杏以及宏伟的梯田，这将不断促进当地经济、社会、生态的可持续发展。通过生态移民，迁出区生态修复，"十二五"生态移民工作实现了贫困农民脱贫致富和生态修复的双赢。

总之，生态移民工程是一项为国为民的伟大工程，不仅极大地提高了移民的生活水平，而且对当地乃至全国生态环境的改善做出了巨大贡献，为实现宁夏经济繁荣、民族团结、环境优美、人民富裕的美好生活添砖加瓦。

第四章

原隆村移民人口结构与村庄建设

第一节　原隆村移民安置

原隆村是宁夏回族自治区"十二五"期间规划建设的永宁县境内最大的生态移民村，位于闽宁镇镇区以北、201省道西侧、乌玛高速闽宁出口向西200米处。2010年规划建设，规划安置移民1998户近10000人。2012年5月实施搬迁，至2014年10月共安置七批移民1987户10515人（其中回族群众805户3403人）。至2016年9月搬迁结束，共搬迁安置14个村民小组1998户10578人。因安置的移民群众均来自固原市原州区（炭山乡、中和乡、开城镇、三营镇、张易镇）和隆德县（奠安乡、山河镇、杨沟乡、凤岭乡、温堡乡、沙塘乡、观庄乡、神林乡）的 13 个乡镇，故命名为原隆村。

原隆村是永宁县最大的移民安置村，按照自治区党委、政府制定的《宁夏中南部地区生态移民"十二五"规划》的要求，按照户均 0.4 亩或 0.6 亩的宅基地、54 平方米住房、人均 0.6 亩耕地进行安置。在移民初期，为了便于管理和各项工作顺利开展，于 2012 年 4 月成立了原隆村临时党支部，2013 年底全村两委换届选举产生了原隆村第一届村两委班子，2016 年底至 2017 年 3 月顺利完成了第二届村两委的换届选举工作并健全村委会下属各配套组织，党支部现有在册党员 160 人。

在国家吊庄移民、生态移民、精准扶贫及精准脱贫、脱贫富民、西部大开发、"一带一路"、生态立区等战略引领下，宁夏回族自治区党委及政府、银川市党委及政府和永宁县党委及政府各级机构积极推进闽宁镇"精准扶贫、精准脱贫"工作的开展，原隆村村委会紧紧围绕"搬得出、稳得住、逐步能致富"的目标，以加强移民群众正面教育引导为切入点、加强民风建设，以促进移民增收和关注民生为核心、积极培育发展主导产业，以创新和加强社会管理为重点、加快民族团结进步创建步伐，呈现了民族团结、社会稳定、经济快速发展、移民安居乐业的良好局面。2016 年底，原隆村农民人均可支配收入达到 7000 元，同比增长 15%。村集体收入突破 50 万元，较上年增加了37.4 万元，同比增长 74.8%。

原隆村居住占地 1215 亩，现有耕地 7000 亩，主要产业以肉牛养殖、葡萄、红树莓种植和光伏农业为主，形成以葡萄种植、畜牧养殖、劳务输出和第三产业为主的产业发展格局。一是积极推进葡萄产业和设施农业发展。原隆村党委及政府加强引导并组织群众通过土地流转的方式，引进宁夏福润源、大地公司集中发展葡萄产业2400亩，每年土地流转金33万元，带动原隆村群众就业近千余人，人均年劳务收入近2万元。建设光伏农业大棚（588座），不仅可以实现并网发电、解决城镇瓜果蔬菜供给，亦可就地解决农民工就业问题及增加贫困人口的收入来源。光伏农业大棚使415户贫困户每户每年增加1500元土地流转收入，解决原隆村350人的就业问题，每人每年劳务收入超过2.5万元；2016年，与企业合作建设日光设施大棚，贫困户每户每年分红1万元；采取"公司担保＋农户贷款＋政府贴息"的模式，为原隆村2000户生态移民建设光伏电站，每户每年分红1万元。二是规范发展肉牛养殖及草畜产业。积极争取扶贫项目，依托原隆村养殖园区，扶持养殖大户；鼓励经济条件好的家庭购买牛羊，扶持无劳动能力的贫困户和残疾人家庭进园区托管养殖。2016年为精准识别的70户贫困户每户托管4头牛，每户每年分红8000元；企业解决移民就业80多人，人均年劳务收入2.2万元。三是发展红树莓产业。2016年，引进宁夏青禾农牧科技有限公司，流转土地示范栽培红树莓2700亩，解决就业900多人，人均年劳务收入1.8万元。四是劳务输出。建立完善生态移民劳动力实名制电子台账，成立劳务派遣公司，培养劳务经纪人，多渠道组织劳务输出。举办保安、面点厨师、电工、电焊、挖掘机、刺绣、葡萄田间管理、残疾人庭院种植等劳动技能和实用技术培训，劳务输出队伍人员素质得到改善。五是大力发展第三产业。充分利用原隆村农贸市场21套营业房和1480平方米交易大厅，捆绑互助资金贷款和全民创业贷款，鼓励移民群众多渠道自主创业，扶持实体经营店及流动摊位，有效解决了部分移民的就业问题，促进了农村市场发展和移民增收，有效壮大了村集体经济。

第二节　建档立卡贫困户人口结构分析

一　贫困人口性别结构

原隆村共有建档立卡贫困户709户，男性1660人（占总贫困人口的51.3%），女性1575人（占总贫困人口的48.7%），男女比例是105∶100，在正常比例范围内（见图4-1）。考虑到男性较女性更容易找到工作，而且工资报酬更高一些（一般情况下，女性70元/日，男性100元/日），因此，更有利于解决家庭的贫困问题。

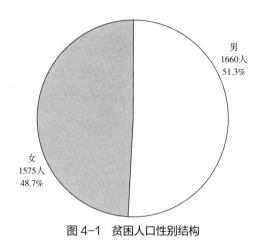

男
1660人
51.3%

女
1575人
48.7%

图 4-1　贫困人口性别结构

二　贫困人口年龄结构分析

709 户建档立卡贫困户中，≤ 16 岁 621 人（占总贫困人口的 19%，其中 ≤ 6 岁幼儿 148 人、6~12 岁儿童 282 人、12~16 岁少年 191 人），16~40 岁青年 1257 人（占总贫困人口的 39%），40~65 岁中年 974 人（占总贫困人口的 30%），≥ 65 岁老年人 383 人（占总贫困人口的 12%；其中，≥ 80 岁高龄老年人 98 人）（如图 4-2）。不考虑满 16 周岁后继续上学的人口（数据不准确，未统计具体人数）[①] 和中青年中丧失劳动力（28 人）的人口，只有不到 69% 的中青年创收，依靠这部分人的收入解决一家人的生计存在较大的困难。

三　贫困人口健康状况

709 户建档立卡贫困户中，健康人口 2446 人（占总

① 　情况说明：由于学龄人口失学及毕业信息未更新，故而数据不准确。

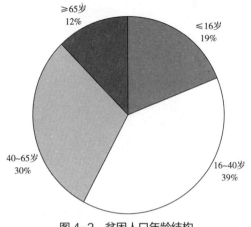

图 4-2　贫困人口年龄结构

贫困人口的 75.61%），残疾人口 8 人（占总贫困人口的 0.25%），患有大病 304 人（占总贫困人口的 9.4%），长期慢性病 477 人（占总贫困人口的 14.74%）。可以看出，原隆村患有大病及长期慢性病的人数较多，因此，政府实施了"56789 暖心"工程，通过每年为群众提供免费健康体检、办理医保、就近就医（村内设有卫生室，可看病就诊、打针输液等）、设立临时救助资金等惠民政策，期望减少民众生病带来的痛苦，并尽可能降低因病致死率。

四　贫困人口劳动力分析

709 户建档立卡户中，普通劳动力群众 1546 人（占总贫困人口的 47.79%），有技能的劳动力 5 人（占总贫困人口的 0.15%），患病丧失劳动力者 28 人（占总贫困人口的 0.87%），无劳动力者 1656 人（占总贫困人口的 51.19%，除去 16 岁以下上学和 65 岁以上的老年人比例为 31%，还有约 20% 的群众为无劳动能力的人）。可以看出，原隆村普通劳动力人口不到总贫困人口的一半，要养活一倍于己的人口，面对的困难是严峻的。调查问卷显示，原隆村有不少农户家中基本都是无劳动能力的人，只能依靠政府低保救助、产业扶贫分红、高龄补助等措施维持生计。

五 务工情况分析

709 户建档立卡户中，除去其他人员（学生、家庭主妇、军人等）外，省外务工 6 人（占总贫困人口的 0.2%），县外省内务工 287 人（占总贫困人口的 8.9%），乡镇外县内务工 197 人（占总贫困人口的 6.1%），乡镇内务工 937 人（占总贫困人口的 29%）。可以看出，原隆村务工人员主要集中于乡镇内打零工，这部分务工者主要从事摘葡萄、除草、种植或采摘瓜果蔬菜及菌草类、工地零工等工作，每天往返于工地和家庭之间，主要收入也用于家庭生活支出。

第三节 原隆村基础设施建设

一 村集体基础设施建设

原隆村的村部大楼坐落于原隆村 6 个村部中间，建筑面积 720 平方米，主要有"一站式"便民服务大厅、培训室、村级卫生室、计生室、村级民生代办点等，全面提升了为民服务功能。"一站式"便民服务大厅主要工作是为村民提供便捷式服务、接待外来考察团体、配合村级及村部级干部工作等。培训室的主要作用是组织村上妇女学习刺绣、十字绣、剪纸等民间艺术和进行青年劳务技能培训等。村级卫生室的主要工作是结合县"56789"暖心工程为老人测量血压、做免费体检，为病人诊疗及输液等。计生室的主要工作是从县计生局领取计生用品和宣传手册并免费发放给妇女，统计村内妇女的生育情况等。村级民生代办点的主要任务是在 6 个村部设置了民生代办点，依照实际情况，又设置了民生服务岗、互助资金管理岗、计生服务岗、就业创业服务岗、综合治理服务岗。通过开展农村低保、残疾人管理、医保代办、计生工作咨询、劳务培训及输出、矛盾纠纷调解和互助资金放贷等工作，让群众在家门口就能办事，为群众提供了极大的便利。

文化活动中心大楼占地 4000 平方米，建设面积 600 平方米，共设有 7 个功能室及 1 个灯光球场，丰富了原隆村移民群众的业余文化生活。①排练室，同时也是一间多功能放映厅。原隆社火队经常在排练室排练演出，主要活动内容有秦腔、秧歌、叭喇鞭等；村民经常自发组织在排练室排练跳舞；针对村民喜欢看戏剧的特点，镇政府积极联系了县文广局开展"送戏下乡"文艺演出活动，为原隆村演出了《回民干娘》等作品，让群众不用出门，在家门口就能过把戏瘾；播映电影及镇上发放的电教片，并组织村组干部、群众代表在这里观看学习。②残疾人康复训练室。原隆村现有残疾人 181 人，这部分移民大多已经失去了劳动能力，但他们并没有放弃对生活的希望，村部领导及村民不仅在平常生活中给他们提供帮助、送去温暖，也在文化活动中心特别设立了残疾人康复训练室，坚持每天开放，为残疾群众康复训练提供服务。③棋牌室。村民在闲暇时间经常聚到棋牌室打扑克、下象棋、下跳棋等，互相切磋棋艺，互聊家常。由于这里是老年人钟爱的活动室，考虑到老年人喜爱喝茶，村委会也会随时提供开水，提高民众的舒适度和满意度。④体育活动室。村政府在活动室内设置了台球桌和乒乓球桌，每天开放供群众使用，使民众不仅能锻炼身体、增强体质，也为小孩和青年的周末娱乐提供玩耍场地。⑤图书阅览室。高尔基曾说过"书籍是人类进步的阶梯"，作为一个生态移民村，原隆村在发展农业经济的同时，也时刻注重着群众文化素养的培养提升。原隆村的图书阅览室是集"图书借阅、电子阅览、放学来吧"为一体的多功能图书室，这里有历史人物传记、诗歌词曲、外国文学作品，有医疗卫生读物、儿童教育教材，也有动物医学、农业基础科学等书籍，不仅满足了群众精神文化需求，对群众科学种植、养殖也起到一定的规范指导作用。村上配齐的电脑设备，接通了互联网，让群众可以上网浏览国家大事、惠民政策、务工招聘信息、葡萄种植和肉牛养殖的知识等。针对父母外出务工、孩子放学后无人看管这一普遍现象，原隆村特别组织了特色社区活动"放学来吧"，指定专门的工作人员负责，组织村上的学生孩子都来这儿，辅导他们完成课后作业、上网查阅资料、学习读书。⑥书画室。原隆村定期举办书法练习，邀请县图书馆书法老师开设书法讲解课程，为喜爱书法的群众免费提供笔墨纸砚，同时也组织开展了原隆人民书画竞赛，让民众参与评选，推选大家公认的好作品进行展览，促进村民相互感染、相互学习、相互进步。书法爱好者不仅在村文化活动中心展示、分享自己的书法成果，也常在自己家里裱框张贴书法字帖。⑦民俗文化展示室。原隆村村民从隆德县和原州区搬迁而来，也带来了宁夏南部地区特有的、浓厚的文化气息，书法、剪纸、刺绣、手工制作布鞋和鞋垫都是原隆人民的拿手活儿，这一功能室主要就是充分挖掘民间手工艺术，将村民的文化成果收集过来，向游客展示善良淳朴、巧手如素的精神品质。

辖区内建有10000平方米的农贸市场兼文化广场、1440平方米的交易大棚和1000平方米（22套）的营业房，广场内健身活动器材一应俱全。沿中心街区两侧还有灯光球场和羽毛球场。原隆村积极响应国家政策，政府在建造贫困户集中安置区时，对道路、水电等进行了统筹规划建设，实现了硬化道路通向每一户居民，建造的平房中户户通水电，基础设施全部配套，建成居民区排水管网、固体生活垃圾集中处理等。大力实施新农村景观绿化工程、原隆村绿化美化工程，环村绿化面积300亩。

村域公共服务能力显著提升，原隆小学、原隆村幼儿园等公共服务设施完备。原隆村"老年餐桌"于2015年

6月建立，占地面积80平方米，按照农村社区老年饭桌标准化要求，配备老年人活动室一间（餐桌8张、椅子32把、饮水机1台），配备老年休息室一间（休息床4张、棋牌桌2张、休息桌2张），聘用厨师一名，村委会管理员一名。现有五保人员、"三无"人员、家庭极度困难老人共18人就餐。原隆村"老年餐桌"的建立极大地改善了老年人的生存生活状态。

二 农户基础设施建设

原隆村村域内东西、南北各1000米的主干道将整个村庄划分为4个居民区，形成以主干道为中心的主街区，整个居民区内有东西巷道8条、南北巷道34条，总里程达42公里。

南区建有伊斯兰建筑风格的回族民居800户，街区装饰回族风情的文化墙12500平方米，街区中心建有110米具有伊斯兰风格的广场走廊这一地标性建筑与北区399户具有闽南建筑特色的汉族民居、南区的农贸市场、文化广场遥相辉映，沿201省道两侧具有伊斯兰特色的商业网点和具有欧式建筑风格的酒庄翘首相望，象征了民族团结、东西合作的典范，装点了和谐美丽的原隆村。

为保证原隆村移民群众"搬得来、稳得住、逐步致富奔小康"，政府按照户均0.4亩或0.6亩的宅基地、54平方米住房、3.5亩耕地进行安置，配套建设了水、电、道路、卫生厕所、绿化等基础设施。政府为每户村民新建了

54平方米的混砖房（包括卧室、厨房及卫生间），部分村民在此基础上自己又新建了50~100平方米不等的砖混房（见图4-3）。

图4-3 原隆村农户住房（1）

（吴月拍摄，2012年3月）

图4-4 原隆村农户住房（2）

（吴月拍摄，2013年10月）

第五章

原隆村产业扶贫模式

产业扶贫作为一种可持续发展的扶贫方式，实现了"被动式""输血式"向"主动式""造血式"扶贫模式的转变，主要依托当地资源，以大型企业为龙头，以政府支持为后盾，通过在贫困地区建立生产基地（园区）来发展特色支柱产业，带动农户脱贫致富。产业化扶贫模式是资产收益扶持制度的一种具体实践，资产收益扶持制度主要是地方政府通过整合分散的各项扶贫、助农资金及现有资源，作为贫困农户的股份将其投放到具有发展优势的新型经营主体或企业的生产经营中，以利益分红、参与就业、技术培训和产品回购等方式增加扶助对象的财产性收益或工资性收入。为此，宁夏第十二次党代会提出实施脱贫富民战略，同时宁夏回族自治区党委办公厅、人民政府办公厅印发了《关于推进脱贫富民战略的实施意见》（宁党办〔2017〕33号），坚持在精准扶贫、持续发展、形成合力上下功夫，因村因户因人施策，建立稳定脱贫机制，大力推进产业扶贫，着力构建大扶贫工作格局。

原隆村周边土地贫瘠，产业基础薄弱，贫困户较多，农民增收困难。为了帮助移民脱贫致富，原隆村依托特色产业和资源，通过土地集体流转进行资产收益扶持，形成了集特色种植、光伏现代产业、特色养殖、劳务产业、服务业五大特色产业为一体的产业布局。2016年以来，原隆村依靠产业发展全面高效整合当地资源要素，形成了"股权＋土地流转＋务工＋个人承包"四种收益形式的资产收益扶持制度，将贫困户的股权进行规模化、集约化、产业化发展，为农户脱贫致富探索出了一条康庄大道。2016年，原隆村农民人均可支配收入达到7000元，较搬迁前原居住地不足4500元增加了2500多元。由此可见，闽宁镇原隆村产业化扶贫取得了阶段性成效。

第一节　特色种植产业扶贫模式

原隆村特色种植产业扶贫模式主要依托企业进行葡萄种植、红树莓种植，通过土地集体流转、劳动力输出、农民变股民的资产收益扶贫制度增加贫困人口的财产性收入和工资性收入，最终实现脱贫致富。

一 葡萄种植扶贫模式

原隆村位于闽宁镇镇区以北，西接贺兰山东麓，距离银川市 30 公里，平均海拔 1100 米，年平均气温 8.5℃。这里每年近 3000 小时的光照和 200 毫米的降水赋予 1600 亩葡萄园的葡萄极佳的成熟度和健康度。80% 的砂质土壤和 15% 的砾石让葡萄种植有着绝佳的排水性，使其成为世界上最适合葡萄栽培及酿酒葡萄种植的地区之一，是优良的葡萄生态带。

（一）葡萄种植扶贫模式的特点

1. 依托龙头企业进行土地流转

原隆村葡萄种植扶贫模式主要依托宁夏立兰酒庄有限公司，该公司于 2013 年 1 月开工建设，项目总投资 7931 万元，建筑用地 6000 平方米，建筑面积 4000 平方米，办公区域占地 3000 平方米，已建成高标准葡萄酒酿造车间、灌装车间、陈酿车间、地下酒窖、红酒文化展示厅。该公司将移民群众的耕地在移民自愿的基础上流转给企业集中经营，将移民从土地上解放出来，通过龙头企业集中发展葡萄种植 1600 亩。由于企业葡萄种植是集中于某一片区，在进行土地流转过程中只对耕地安置归属于葡萄种植基地内的移民进行土地流转。

2. 创新劳务输出

宁夏立兰酒庄有限公司以生产葡萄酒为主要内容，在生产经营过程中主要依靠科研人员、专业技术人员、专业管理人员、销售人员、种植人员，根据葡萄种植和葡萄酒生产实际，立兰酒庄在每年的3~11月通过为移民提供葡萄浇灌、种植、修剪、采摘等工作进行劳务输出。随着发展，原隆村又引进宁夏德龙葡萄酒业有限公司，主要以种植葡萄、生产葡萄酒为主，是目前我区最大的酿酒葡萄种植基地之一，该葡萄种植基地为当地县乡农民进行技术培训与季节性劳务输出。两家葡萄酒公司的发展主要以种植葡萄、生产葡萄酒为主，种植葡萄具有季节性用工、劳动力身体承受力强等要求，生产葡萄酒则有专业技术与文化知识要求，因此，劳务输出只符合企业需求的部分移民。

3. 带动第三产业逐步发展

2016年，宁夏立兰酒庄有限公司凭借"借一块宝地、兴一大产业、创国际名牌、富天下百姓"的理念，开发以酒庄为主要特色形式的乡村旅游项目，不仅解决了当地部分就业，还带动了原隆村的旅游业发展，为原隆村三产融合发展提供了平台与机会。如今原隆村的葡萄酒庄已成为旅游打卡必去景点之一，这里的葡萄酒文化夹杂着浓浓的移民情怀，吸引着越来越多的游客前来参观。

（二）葡萄种植扶贫模式的经济效益

葡萄种植扶贫模式最直接的经济效益是大大提升了农户的人均收入，为脱贫富民战略的实施奠定了坚实基础。

农户收入构成主要包括土地流转收入、种植劳务收入、技术就业收入。土地流转收入主要是指企业流转农户耕地，为每户每年增加土地流转收入 1500 元；种植劳务收入主要是宁夏立兰酒庄有限公司带动原隆村 950 余人就业，平均每人每天 70~100 元、每月 2000 元的劳务收入，平均每人每年收入 20000 元左右；技术就业收入主要是宁夏德龙葡萄酒业有限公司年培训人数达到 5000 人次，解决固定就业人数 200 人以上，带动合同劳务合作近 600 户，季节性用工累计近 20000 人，这对于推动劳动就业、农民收入增长起到积极的作用。同时，已经吸纳 1000 多名移民群众为产业工人，年人均收入 20000 元。原隆村通过企业扩大再生产，带动了周边群众就业，促进了扶贫工作长效开展。

案例

这是一位头发黑黑的妇女，年龄 55 岁。她身穿红色毛衣、绿色男士军用裤、颇大的男士皮鞋，看到背影的时候还以为是一位男人。我穿过大门就顺着左手走进了一间屋子，这间屋子不知道是否可以说是客厅，屋子东边靠墙放着一张 1.2 米的单人床，床的正对面是一张桌子，床的西边却放着一台大红色的冰箱，冰箱的后面是洗澡间和简易式的厨房，老人招呼我坐在桌子的旁边。她十分热情，一听说是从自治区下来的，赶忙从冰箱取出油香让我吃，并倒了一杯热水。我表示了谢意后让老人坐在我的对面开始访谈——

我家有七口人，老头子、大女儿、女婿、二女儿、外孙女、外孙子，二女儿在东北当护士，一年回来几次，我们老人身体不好，也干不了啥活，只能在家里给孩子做做饭，收拾收拾家，家里基本上靠大女儿和女婿，女婿是个上门女婿，指望不上，不爱干活，村上有啥活，大女儿干得比较多，政府再帮助一把，家里现在过得比以前好多了。家里人多，政府分的房子不够住，我们就又盖了几间房和一个菜棚。政府还是好啊，去年我家来了一个专门帮助我们的政府里的人，帮我们家屋子里贴瓷砖、建马桶、修整院子路面，可是很辛苦啊！

大女儿、女婿2016年种植、采摘葡萄，一天一人80元，农忙从6月至10月底，收入大约24000元，土地流转费用0.6×7×470=1974元，养老金一个月198.81元，一年2385.72元，贫困补助110元×12=1320元，肉牛托管8000元，补贴500元。财产性收入总共1974元，补贴性收入12205.72元，农业经营收入（工资性收入）24000元。补贴性收入占总收入的32%，农业经营收入占总收入的63%。由此可见，该家庭通过精准扶贫基本实现脱贫。

二 红树莓种植扶贫模式

原隆村除了葡萄种植产业扶贫模式外，还建立了红树莓种植产业扶贫模式。红树莓种植扶贫模式是指原隆村引进企业建立红树莓种植产业园，通过土地集约化管理增加农户土地流转收入，不仅为农户提供种植、采摘等劳务输出，还创新了"公司＋基地＋农户"的订单模式。通过和农户签订合同以"保护价"收购，用订单将企业与农户紧密结合起来，形成利益共同体，促进企业与贫困户互惠互利、共享收益。

（一）红树莓种植扶贫模式的特点

1. 创新"企业＋基地＋村委会＋农户"模式

红树莓种植是依托宁夏青禾农牧科技有限公司在原隆村开发建立的红树莓产业园，该公司在已建成2700亩红树莓高标准种植基地的基础上，建设7000平方米冷链加工厂及灌装车间，进行红树莓的储藏、挑选、加工、包装。红树莓种植扶贫模式突破了葡萄种植扶贫模式"企业＋农户"的特点，在结合集中流转土地的基础上，还创新了"公司＋基地＋农户"的订单模式，将土地的经营权归还给想要耕地种植的移民，再通过红树莓收购的形式解决农户的销售问题，同时还通过村镇劳务公司为部分移民提供采摘等劳务输出，形成了"企业＋基地＋村委会＋农户"的扶贫模式，农户与企业之间形成紧密的利益共同体，创新了产业扶贫方式。

2. 突出一、二、三产业融合发展

青禾农牧科技有限公司将农业与旅游业结合，在推广示范及鲜果销售的同时，研发多款树莓产品，以市场为导向，以产业化经营为主线，依托红树莓种植，建立以立体

种养及现代化设施农业为主的高效生态科技示范园区,打造有机、绿色、无公害农产品生产基地;在生态产业园的基础上,立足贺兰山东麓丰富的旅游资源及园区生态、绿色、环保、休闲的特点,形成"可览、可游、可食、可乐、可居"和"自然—生产—有机—休闲—康乐"一体化的生态休闲景观综合体,实现体验有机绿色无公害农业与现代观光农业相结合的特色生态休闲旅游扶贫产业园区,实现一、二、三产业的融合发展。

(二)红树莓种植扶贫模式的经济效益

红树莓种植扶贫模式是通过原隆村流转土地示范栽培红树莓 2700 亩,将红树莓种植、技术研发、加工、销售、休闲农业融为一体的产业园。一是实践"公司+基地+村委会+农户"的精准扶贫模式,采取集中流转进行集约化经营管理,按照 400 斤/亩小麦流转,每年按照市场最高收购价定价,亩均流转费为 470 元;二是通过村、镇劳务公司统一安排输出劳动力,每天平均用工 100 人,日工资 80 元/天,盛果期每天用工 200 多人,按采摘 3 元/公斤计算,每人每天收入为 110 元;三是探索农户承包制,前期给 4 户(2 户建档立卡贫困户)免费承包 10 亩果地,由农户负责管理、采摘、灭茬,企业负责收购,按照亩产 600 公斤/亩,收购价 5 元/公斤,承包户年收入约为 3 万元。目前已解决就业 900 余人,人均年劳务收入 1.8 万元。

由此可见,原隆村在农业产业发展方面,探索出了符合自身特点的资产收益制度，具体可以分为三种：一是通过将土地进行集中流转给企业，获取一部分流转租金收入；二是通过种植、采摘等小工种为企业提供劳务，获取部分劳务收入；三是通过承包产业园区大棚或基地进行管理、生产、采摘，企业通过回购产品获取承包收入。

第二节　光伏现代农业扶贫模式

光伏现代农业扶贫模式是引进光伏企业，将光伏项目运用到大棚项目，再通过土地变股权、农民变股民建设生态循环农业，通过"入股＋土地流转＋务工"方式创新农民增收的方式与途径。主要依托青岛昌盛光伏农业科技大棚项目、振发能源集团有限公司和华盛绿能（宁夏）农业科技有限公司，在原隆村集体流转移民土地实施集温室设施农业种植、特色养殖、光伏太阳能发电为一体的光伏现代农业产业，通过光伏发电实现工业反哺农业，以光伏设施大棚为载体，利用光伏大棚开展特色高附加值高科技农业种植，形成"棚顶发电、棚中采摘、棚下种植"的立体产业模式，形成农业和光伏产业集聚、设施农业种植与光伏发电"双赢"机制，在提升土地利用价值的同时解决了贫困户的就业问题（见图5-1）。

图 5-1 原隆村光伏产业航拍

（张万静提供，2017 年 5 月）

一 光伏现代农业扶贫模式的特点

（一）土地变股权

青岛昌盛日电太阳能科技股份有限公司充分利用贺兰山东麓充足的光能、风能等资源优势，采取"光伏＋养殖＋种植"的模式，将光伏农业园区与当地扶贫工作结合起来，通过工农业一体化投资，完善水、电、交通等配套设施，配备农业专家团队指导种植，使得单位土地面积上的农业产出大大增加，使 415 户贫困户每户每年增加土地流转收入 1500 元，带动 350 多人就业，每人每年劳务收入超过 2.5 万元。企业再免费为移民提供技术培训、咨询服务，让移民可以就近进入光伏农业园区打工，获得每人每天 70~100 元、每月 2500 元左右的务工收入，成为农业产业工人（见图5-2）。由此可见，光伏现代农业通过政府组织村民将土地统一流转给昌盛公司，加上公司给予农户连续30年的土地流转费用，从而实现土地变股权，以租金收入的形式获得股权。同时，政府整合扶贫资金，与企业合作建设光伏大棚并交由公司经营，公司则连续3年给予76户贫困户每户每年1万元的经营分红。

图5-2　原隆村光伏农业科技示范园

（师东晖拍摄，2015年9月）

（二）农民变股民

　　企业挑选优秀的产业工人作为培养对象，给予大棚、生产物资免费、合同价保底收购、多劳多得的优惠承包政策，让技术成熟的村民承包温棚创收，承包户收入可达到3万元以上。企业开办农业创客空间和创客大学，开设微景观多肉植物、黑枸杞育苗、农业观光采摘园、红豆杉盆景、有机蔬菜配送、活体菜配送等多个创客项目，鼓励有意愿与企业合作的贫困户加入创客行列，公司提供指导培训、固定设施、创业基金和销售平台，当贫困户掌握生产技能后可以进行大棚承包，承包户以合作社或个人形式与公司共同成立合资公司实现农业创业，帮助村民实现从产业工人到承包户再到创业者的"三级跳"。

案例

原隆村村民万军红于 2014 年开始在青岛昌盛的蘑菇种植光伏大棚里打工。2016 年 9 月，已经掌握香菇种植技术的万军红直接将一座大棚承包下来自己种。"根据近几个月的种植情况看，今年收入 4 万元不成问题。"万军红说。他高度近视，妻子患有轻度精神疾病，属于残疾人家庭，在老家时全家 6 口人年收入不到 2 万元。现在大棚收入加上 1 万元的大棚托管兜底分红，家庭年收入将超过 3.5 万元，收入水平有了很大提高。"另外，在家门口种大棚不用走山路，方便了我这个高度近视眼，也方便了孩子上学。"万军红满意地说。

（三）生态循环农业

青岛昌盛日电太阳能科技有限公司在原隆村流转移民土地实施了光伏农业科技大棚项目，温室顶部安装太阳能发电板，在温室内发展设施农业，太阳能发电进入市电网络售电。园区已形成四大扶贫产业，即食用菌产业链和花卉产销一体、万亩茶园项目、蝎子特种养殖项目、蚯蚓循环农业项目。食用菌产业充分利用农作物秸秆及牧草资源种菇、再利用菌菇废料生产有机饲料和有机肥料，为养殖业发展提供饲料，为设施农业发展提供有机肥料，有效促进了循环农业的发展。蝎子特种养殖是通过饲养黄粉虫作为蝎子的饲料，黄粉虫的粪便可作为虫沙鸡的饲料，虫沙鸡的粪便又可作为园区种植大棚的肥料，实现了特种养殖业和生态农业循环发展。花卉香菇种植棚，又称阴阳棚，它被可移动的帘子隔成两半，阳光可以照射的一半种着绣球花，密闭阴暗的一半则种植香菇，主要通过绿色植物光合作用消耗二氧化碳产生氧气，食用菌的呼吸作用则吸收氧气产生二氧化碳，在合适的时候把隔帘打开，让两边的气体、温度、湿度进行交换，达到促进生产、实现效益最大化的目的。这种"光伏农业"模式将光伏发电与当地扶贫工作、农业开发结合起来，以工业反哺农业，形成了园区化、平台化发展现代农业的新型业态（见图5-3、图5-4）。

图 5-3　原隆村昌盛日电光伏农业科技展示大棚

（师东晖拍摄，2015 年 9 月）

图 5-4　原隆村光伏农业香菇大棚

（师东晖拍摄，2015 年 9 月）

二　光伏现代农业扶贫模式的经济效益

光伏现代农业产业项目通过贫困户土地集体流转给企业的方式获取流转租金，还通过企业鼓励、政府支持，让贫困户以承包大棚的方式参与企业经营主体变身为股民。同时，该项目整合扶贫资金，与企业合作建设日光设施大棚，使全镇 76 户贫困户连续 3 年获得经营分红，每户每年分红 10000 元。采取"公司担保 + 农户贷款 + 政府贴息"的模式，为每户贫困户提供 10 万元妇女创业贴息贷款，引进江苏振发能源集团有限公司为原隆村 2000 户生态移民建设光伏电站，项目一期 220 套光伏发电设备已建成并网发电。贫困户通过分享发电收益实现精准脱贫，每户每年分红 1 万元，保障贫困群众 20 年不返贫。

由此可见，光伏现代农业"造血式"精准扶贫模式变"输血"为"造血"、变"漫灌"为"滴灌"，既发挥了资本的效能，又尊重了劳动的价值，能为有劳动能力的贫困户提供宽阔的就业创业平台，帮助贫困户在较短时间内实现脱贫致富奔小康的目标。

第三节　肉牛养殖产业扶贫模式

肉牛养殖产业扶贫模式是针对特殊移民群体发展养殖开发的产业扶贫模式，主要是指通过引进养殖公司，实施肉牛托管的方式，农户自筹部分资金，政府补贴部分资金，企业贷款部分资金，由养殖公司经营，在年底为肉牛托管的农户分红，以此促进农户增收。

一　肉牛养殖产业扶贫模式的特点

（一）资金变股金

原隆村肉牛养殖产业扶贫模式主要是依托宁夏壹泰牧业有限公司，建立原隆村养殖园区，针对捆绑互助资金和扶持残疾人发展项目的部分移民，将合作社给予移民的互助资金作为肉牛托管的股金，进行肉牛托管养殖，规模发展肉牛养殖产业，肉牛养殖规模持续扩大，肉牛托管分红模式成效显著。其中只有部分愿意参与合作社的农户才会享受合作社互助资金的支持，因此，在肉牛养殖产业扶贫模式中的移民群体主要针对的是参与合作社互助资金的农户与部分残疾移民群体。

目前，宁夏壹泰牧业有限公司总投资 1.42 亿元，规划肉牛存栏 1 万头，建设棚圈 10.4 万平方米，青贮池 4.3 万立方米，储备青贮饲料 2.8 万吨，产值 6000 多万元，年纯收入约1860 万元。公司以高档肉牛培育、优质肉牛繁育以及育肥为职业方向，配置现代化的饲养设备，采用科学合理的管理方式，着力打造宁夏肉牛科技现代化养殖与运营模式，力争建成全区乃至全国高档肉牛养殖基地（见图 5-5）。

图 5-5　宁夏壹泰牧业有限公司

（师东晖拍摄，2015 年 9 月）

（二）双赢机制

肉牛养殖产业扶贫模式形成了"合作社 + 企业 + 农

户"的生产经营模式，其中合作社负责本公司的优质饲草种植、收购、加工和公司的肉牛养殖技术服务，并和饲草种植农户签订回收协议，统一品种和技术；公司负责肉牛养殖、疫病防控、具体生产管理工作；农户负责按合作社规定要求种好饲草，将合作社和公司与农户连成一个共同体，充分利用宁夏特色产业优势，将优质的肉牛及肉牛产品销售到全国，带动闽宁地区移民群众增收致富，实现公司与农户双赢。

目前，宁夏壹泰牧业有限公司基地现存栏肉牛 4800余头，其中，高档安格斯基础母牛 1500 余头，优质西门塔尔基础母牛 2400 余头，安格斯及西门塔尔犊牛 900 余头，已成为西北地区肉牛养殖业中基础母牛存栏量最多的企业（见图 5-6）。养殖基地年保持平均月存栏 5000 余头，年出栏商品育肥牛 2500 余头，出栏体重 560~640 公斤，

图 5-6　宁夏壹泰牧业有限公司肉牛养殖场
（师东晖拍摄，2015 年 9 月）

年产值 3500 余万元。通过养殖年收购周边农户 3.2 万吨青贮玉米、5000 吨水稻秸秆、5000 吨优质牧草。

二 肉牛养殖产业扶贫模式的经济效益

肉牛养殖产业扶贫模式通过引进宁夏壹泰牧业有限公司，实行"一户四牛一棚一电站"的"4+1+1"肉牛托管扶贫脱贫模式，即政府贴息、企业贷款为原隆村精准识别的 709 户贫困户托管肉牛 1298 头，平均每年保底分红 259.6 万元。2016 年为原隆村精准识别的 70 户贫困户每户托管 4 头牛，每头肉牛所需资金 8000 元，由农户自筹 2000 元，政府补助扶持资金 2000 元，企业低保贷款 4000 元，贷款资金由政府贴息，生产经营后每年每头牛保底分红 2000 元，分红资金半年兑付一次，每户每年保底分红给移民 60.8 万元，企业获利 553 万元。企业解决移民群众就业 80 多人，人均年劳务收入 2.2 万元。

第四节 劳务产业扶贫模式

劳务产业扶贫模式是指以劳务输出、技能培训、发展劳务经纪人等形式促进农民增收。

一 劳务产业扶贫模式的特点

（一）成立村级生态移民创业就业服务站

原隆村积极发展劳务产业，成立村级生态移民创业就业服务站，建立生态移民劳动力实名制电子台账，成立劳务派遣公司3家，培养劳务经纪人4个，以原隆村名义公司合作，组织劳务输出，务工就业成为移民增收的主渠道，务工收入占人均总收入的80%以上。因此，劳务产业成为原隆村的主导产业之一。

（二）强化技能培训

生态移民就业创业服务站除了对移民进行劳务输出外，还对移民群众进行职业技能、实用技术等多种形式的培训，并组织引导移民外出务工就业创业。例如，通过举办挖掘机、刺绣、葡萄田间管理、残疾人庭院种植等劳动技能和电工、电焊、装挖机、面点厨师等实用技术培训班，一方面务工者的劳动技能得到提升；另一方面劳务输出队伍人员素质和整体结构得到极大改善。

二 劳务产业扶贫模式的经济效益

原隆村成立的村级生态移民创业就业服务站与德龙公司签订劳务用工合同，多渠道组织劳务输出，年均输出人数达1800人次以上，月均收入在2000元以上，其中稳定在 6 个月以上务工人员 300 余人，全年劳务收入达 1500 万元以上。技能培训方面，2016 年，生态移民就业创业服务站组织各类技能培训 10 期 500 余人次，其中职业技能培训 6 期 300 人次，技能型务工人员累计达到 900 余人次。培育发展劳务派遣公司 3 家，全村劳务输出 2900 余人次，创劳务收入 4600 余万元，人均劳务收入达到 4300 元。

由此看来，原隆村整合各项培训资源，加强劳务经纪人队伍建设，促进移民及时就业、就地就业，吸引外出人员回乡创业，降低外出就业成本，实现务工人员向技术工人转型发展，鼓励发展创业带头人，引导移民脱贫致富，确保实现移民增收目标。

第五节　服务业产业扶贫模式

服务业产业扶贫模式作为产业扶贫模式内容之一，是农业、劳务产业扶贫模式的升级与创新，具体指的是乡村旅游业，依托特色产业，发展葡萄园休闲体验、光伏农业观光旅游、红树莓自助采摘、红酒品尝为主导的可玩、可赏、可住、可游、可乐的乡村旅游项目，实现旅游与产业融合发展的新局面。

一 服务业产业扶贫模式的特点

（一）乡村观光旅游业的发展理念

原隆村按照"旅游发展带动扶贫开发，扶贫开发促进旅游发展"的思路，大力发展观光旅游，做大做强旅游产业，全面推进原隆村与闽宁镇全域旅游。一方面以原隆村为核心，以"总书记走过的路"为主题，发展移民家访、移民餐饮、手工制作产业，打造特色体验游，带动光伏科技生态产业园科普教育研学游、壹泰牧业和红树莓观光采摘游，形成"产业搭台、旅游唱戏"的格局，实现旅游和产业相互融合、相互促进、相互发展；另一方面依托银川西线旅游带和贺兰山东麓葡萄文化旅游长廊核心区的优势，主动融入自治区全域旅游发展的空间布局，围绕打造闽宁风情小镇、葡萄小镇、光伏小镇、生态小镇，积极对接福建旅游集团，在原隆村建设游客集散中心。开通一日游旅游线路，形成"游览、采摘、娱乐、吃住"和"自然—生产—有机—休闲—游乐"一体化的生态休闲乡村旅游格局。建立以立体种养及现代化设施农业为主的高端生态科技示范园区，打造有机、绿色、无公害农产品生产基地，形成"可览、可游、可食、可乐、可居"的生态休闲景观综合体。原隆村充分发挥区位优势，抢抓特色民族村寨建设的机遇，积极培育和大力发展旅游文化产品，为移民增收奠定了基础。

（二）以镇带村，以村促镇

永宁县闽宁镇位于宁夏首府银川南端、贺兰山东麓、永宁县西部。东与玉泉营农场相邻，南接青铜峡市邵岗镇，西至贺兰山自然保护区，与黄羊滩农场毗邻，东距永宁县城37公里，北距银川市区30公里。201省道、闽甘公路呈南北向穿越镇区，交通便利，西夏王陵世界文化遗产、西夏博物馆、贺兰神国际酒庄、中粮云漠酒庄、立兰酒庄等旅游资源分布在镇域及周边区域，区位条件十分优越，为特色小镇建设创造了先决条件。2017年7月27日，住建部公布了全国第二批特色小镇名单，闽宁镇以特色产业、美丽环境、特色传统文化、服务设施建设胜出。闽宁镇形成了包括特色种植产业、特色养殖产业、光伏产业、旅游产业、劳务输出在内的五大特色产业，移民群众收入水平大幅增加。同时，闽宁镇完善了公路等基础设施建设，整合了产业发展基金、脱贫基金、村级互助资金、扶贫"双到"资金、千村信贷、妇女小额创业贷款等多方面资金，切实解决了移民群众贷款难的问题。闽宁镇的特色小镇发展是"产城一体、城乡统筹"的典范，是带动原隆村整体发展的契机，是传承本土文化和闽南文化的体现。原隆村精准脱贫产业化发展促进了闽宁镇特色小镇的实现和村镇的协同发展。

二 服务业产业扶贫模式的经济效益

原隆村依托贺兰山东麓葡萄文化旅游长廊核心区优

势，主动融入区市全域旅游发展规划，积极整合葡萄、光伏、红树莓、草畜等资源优势，发展"互联网＋品牌"，主动积极建立 3A 级景点，培育乡村旅游景点，建设民宿农家乐，形成"旅游、采摘、娱乐、吃住"一体化的旅游格局，促进移民增收致富。在发展旅游业的同时，原隆村充分利用农贸市场 21 套营业房和 1480 平方米交易大厅，捆绑 195 万元互助资金贷款和全民创业贷款，鼓励移民群众多渠道自主创业，扶持实体经营店 21 家、流动摊位 12 家，有效缓解了"40、50 后"人员的就业问题，促进了农村市场发展和移民增收，有效壮大了村集体经济，每年可为村集体创收 12 万元。

第六节　原隆村其他农副产业

原隆村不断加大供水供电、通信网络、垃圾污水处理、文化体育活动场所等配套设施建设，完善旅游交通设施，积极争取项目资金，改善原隆村示范村的道路、慢行道、停车场等基础设施情况，除在此基础上大力发展"种葡萄、养黄牛、输劳务、建工业园区"的四大特色支柱产业外，还开创当地移民的农副产业发展。

一是大力开展剪纸、叭喇鞭等民间文化的传承和发展，鼓励和扶持刺绣、鞋垫、布鞋、编织等手工艺制作，挖掘回族特色小吃等饮食业，大力发展旅游文化产品。积极发展柳编、绳编、软陶、草编、钩针、团扇和风车等非物质文化遗产在原隆村的制作工作，打造村庄"梦工厂"。

二是扎实开展庭院种植。按照"村组干部示范、群众党员带头、广大群众参与"的模式，组织和发动群众开展庭院种植活动，既美化了庭院、转移了劳动力，又降低了移民群众的生活成本。

三是以农村社区化管理服务为依托，以文化活动为抓手，组建原隆村社火队，大力开展篮球、棋牌、舞蹈、秧歌、秦腔、书法等群众喜闻乐见的文化娱乐活动，积极参加县乡组织的各种交流和汇报演出，不仅丰富了新老移民的文化生活，而且使移民群众的特色文化传统得到传承和发扬。

第六章

原隆村社会事业

社会事业是指国家为了社会公益目的，由国家机关或其他组织举办的从事教育、科技、文化、卫生等活动的社会服务。在我国政府发布的相关文件中，社会事业包括教育事业、医疗卫生、劳动就业、社会保障、科技事业、文化事业、体育事业、社区建设、旅游事业、人口与计划生育10个方面。推进社会事业发展，是完善政府社会管理和公共服务职能、统筹经济社会协调发展的重要任务。近年来，宁夏回族自治区党委、政府把保障和改善民生作为一切工作的出发点和落脚点，加大社会事业投入，深化医药卫生体制改革，推进医药、医疗、医保"三医"联动，努力缓解群众看病难、看病贵的问题。扎实推进公共文化服务体系建设，大力实施文化惠民工程。进一步推进学前教育资源向行政村延伸，努力构建"广覆盖、保基本"的学前教育网络，逐步提高贫困地区和农村地区的入园率。千方百计拓宽就业渠道，大力推进大众创业、万众创新。人民群众的生活水平显著提高，农村贫困人口大幅度减少，教育、文化、医疗卫生、社会保障等公共服务方面的一些工作走在了全国前列。

永宁县闽宁镇按照自治区党委、政府制定的民生和社会事业发展规划，高标准制定了《闽宁镇"十三五"发展规划》，同时配套制定了辖区6个行政村富民产业发展规划。原隆村按照村"十三五"发展规划，坚持民生改善不动摇，在经济快速发展的同时，村容村貌、民生改善、深化改革迈上了新台阶，实现了教育、文化、卫生等社会事业的全面发展，移民群众"搬得出、稳得住、逐步能致富"，成为宁夏回族自治区生态移民样板村。由于原隆村民居特色突出、产业支撑有力、民族文化浓郁、人居环境优美、民族关系持续和谐，2014年，原隆村被国家民委命名为"中国少数民族特色村寨"。

第一节　便民服务

原隆村高度重视便民服务，把便民服务放在工作首位，以"提升服务质量、让群众满意"为目标，实行窗口集中办理与进村入户上门服务相结合的工作机制，切实做到工作平台前移，服务重心下沉。

一 着力落实便民服务工作制度

（一）制定便民服务工作制度，实行服务承诺制、限时办结制、一次性告知制、责任追究制

服务承诺制要求接待要热情和蔼、有问必答，让办事（来访）的群众高兴而来、满意而归。限时办结制要求便民服务中心工作人员必须按照办理各项事务的规定时限，在规定的时间内办结。一次性告知制是指服务对象到便民服务中心办事、咨询时，在职责范围内，窗口工作人员必须一次性告知其所要办理事项的依据、时限、程序以及所需的全部材料。责任追究制是指便民服务中心工作人员不负责、不履行或不正确履行自己的工作职责，致使国家、集体和人民的利益受损的，必须追究其行政、经济责任。

（二）着力落实政务公开制度

政务公开制度是管理党务、政务和社会事务的组织，是将本组织的职责、管理规定和权力运行过程及结果予以公开，保证公民、法人和其他社会组织参与民主管理和监督的制度。为进一步落实村民的知情权、决策权、参与权、监督权，增加审批透明度，更好地接受社会各界的监督，原隆村围绕工作人员身份公开、承诺服务制度公开、审批办证手续公开、审批办证时限公开、窗口服务内容公开、各项收费标准公开、各项业务流程公开、监督举报电话公开的"政务八公开"内容，制定了政务公开制度，坚

持依法公开、真实公开，加强民主监督。在政务公开的基础上，全面推行村务公开制度，专门设立村公开栏，公开的内容涉及群众关心的村级占地补偿标准、土地承包等方面。村务公开制度的实施，改进了村干部的工作作风，赢得了群众的高度赞誉，密切了党群干群关系。

二 设立村民生服务大厅，为群众提供优质高效服务

原隆村民生服务大厅的前身是 2012 年 12 月设立并投入运行的为民办事全程代办点，负责为群众提供各类服务。2016 年 5 月，原隆村紧抓自治区政务服务平台建设向基层延伸的机遇，通过互联网建成了区、市、县、乡、村五级联通的服务平台。科学设置了村级财务、互助资金、代办服务等 5 个办事窗口，不但能为全村 1 万多名群众提供需乡镇办理的 25 个事项，还可以代办县级以上政务服务事项。网络服务平台的建成运行，不仅改变了以往群众办事奔波于县、乡、村之间的现象，极大地方便了群众，还节约了办事成本，提高了办事效率，群众满意度有了很大提升。自 2016 年 6 月政务服务平台运行以来，累计在网上为群众办理事项 600 余件。

三 实施法律援助

法律援助是一项重要的民生工程，设立在原隆村便民服务大厅内的原隆村法律援助服务站，由宁夏永川律师事

务所承担律师值班任务，把所有涉及民生的事项纳入法律援助范围，每周三免费为群众提供各类法律咨询服务，其余时间由原隆村村委会副主任负责接待前来咨询的群众，做好记录，预留电话，将所咨询的事项交律师答复办理。实现法律援助申请便捷化、审查简便化、服务零距离，维护了群众合法权益，助力政府扶贫攻坚。另外，援助站开展多种方式的移民法律援助宣传活动，发放《法律援助服务指南》宣传资料 500 余份、法律援助宣传围裙和手提袋200 余个，现场解答群众法律咨询 20 余人次，受理法律援助案件申请 3 件。扩大法律援助的范围，着力为群众办实事、解难事，深受原隆村群众欢迎。

第二节　教育事业

宁夏回族自治区党委、政府把教育作为最大的民生工程，坚定不移地推进教育事业优先发展、科学发展，加快教育现代化。不断加大教育投入，进一步扩大学前教育资源供给，努力构建"广覆盖、保基本"的学前教育网络，逐步提高贫困地区和农村的幼儿入园率。2016 年，宁夏学前教育毛入园率达 77.94%，首次高于全国 77.4% 的平均水平。同时，统筹推进义务教育一体化改革，公办学校标准化建设步伐逐步加快，城乡免费义务教育全面实现，义务教育均衡发展水平不断提高，教育事业迈出了坚实的步伐。目前，原隆村拥有幼儿园 1 所，在园幼儿 269 名，幼儿入学率达 98% 以上。回民小学 1 所，在校学生 737 人，入学率 98%。

一 幼儿园办园条件得到极大改善，教师专业素质逐步提高

农村学前教育是我国教育的重点和难点，事关未来农村人口的综合素质和新农村建设的水平。"十二五"以来，宁夏高度重视农村学前教育，持续加大幼儿园建设力度。2011~2016 年，宁夏通过开展两轮"学前教育三年行动计划"和"政府购买学前教育服务试点"工作，累计投入幼儿园建设资金 14.6 亿元，新增幼儿学位 13.7 万个，基本构建起覆盖城乡、布局合理的学前教育公共服务体系。

（一）幼儿园基础设施不断改善

在宁夏回族自治区不断加大幼儿园建设力度这一背景下，原隆村幼儿园办学条件得到极大改善。幼儿园占地面积 9980 平方米，建筑面积 3038 平方米，有三层标准化教学楼一座。现有教职工 35 名，在园幼儿 269 名。配有多媒体教学设备和电子琴、录音机等电教器材，设有自然角、图书角以及美工、绘画、制作等丰富多彩的活动区域，备有各种玩具、教具数千件，保温桶、流动水、手帕、水杯等日常用品齐全。园内学习、休息场所温馨、舒适，活动场地宽敞、透亮，厨房设施卫生、安全。

（二）注重培养幼儿实践及动手能力

幼儿阶段是儿童身体发育和机能发展极为迅速的时期，强健的体质、愉快的情绪、协调的动作、良好的生活习惯和基本生活能力是幼儿身心健康的重要标志。原隆村幼儿园注重开发幼儿潜能，根据幼儿特点，因材施教，突出本地特色，创建了农家小院、爱心医院、伊斯兰风情园等，注重培养幼儿实践及动手能力。同时积极开展幼儿体育活动。不仅增强了体质，满足了幼儿运动、娱乐、交往、竞争、表现、审美等多种需要，还促进了幼儿智力、个性、品德等多方面的发展。

（三）加强幼儿教师培训，逐步提高幼儿教师队伍的专业素质

为切实加强幼儿园教师师德师风建设，全面提升幼儿园教师师德素养，建园至今，参加培训的幼儿教师累计达25人次。同时，将师德师风建设融进日常各项工作，主动与幼儿家长联系，认真听取意见和建议，构建多形式的师德师风监督平台，并纳入长效工作机制。

二 基础教育设施进一步完善

配合闽宁镇政府，原隆村实施了小学一期基础设施建设项目，办学条件进一步改善。原隆村回民小学成立于2013年8月，学校占地25亩，建筑面积7986平方米。现

有在校小学生 737 名，18 个教学班，有舞蹈室、音乐教室、美术室、计算机教室、多功能教室、图书室、科学实验室。有教师 43 人，其中青年教师占 90% 以上。多年来，学校结合课堂教学，启发学生的求知欲和兴趣，着力培育学生的学习积极性，养成终身学习的习惯和健康、乐观、向上的品格，增强自我发展能力，不断提高教育质量，形成了"文明、勤奋、求实"的校风。

三 着力落实教育惠民政策

针对贫困学生，原隆村积极落实自治区"两免一补""金秋助学""雨露计划"等各项慈善救助、教育惠民政策。2017 年全年，发放建档立卡贫困家庭学生教育资助资金 48.6 万元，温暖了贫困家庭学生，解除了家长的后顾之忧。

第三节 医疗卫生

近年来，宁夏以"建机制、保基本、补短板、提能力"为重点，创新理念，加强卫生服务体系建设，扎实推进基本公共卫生服务均等化，强化基本公共卫生计生服务能力，加大农村卫生投入，完善村级卫生机构管理和运行机制，规范服务行为，全面提升村级医疗卫生服务水平。原隆村医疗卫生条件逐步改善，基本公共卫生服务进一步规范，为辖区常住人口建立了统一规范的居民健康档案，定期为居民开展健康知识讲座，同时开展免费检查服务工作。村卫生室医务人员诊疗技术得到有效提升，管理能力进一步加强。

一　实施县、乡、村一体化管理模式，提高医疗服务质量

闽宁镇政府以筑牢"农村医疗卫生服务网底"为重点，不断加强村卫生所和乡村医生队伍建设，提高农村居民健康水平。原隆村拥有使用面积 200 平方米的卫生计生服务室 1 所，现有工作人员 6 名，设有诊断室、康复理疗室、预防接种室、收费室、公共计生服务区、中西药房，配有 TDP 神灯、中频治疗仪、高压锅、紫外线消毒灯、针灸理疗仪、血压计、听诊器、血糖仪、血红蛋白分析仪、婴儿秤、冷链等医疗设备。有 200 余种西成药，180 多种中药饮片。为辖区居民提供常见病、多发病的一般诊疗和家庭康复指导服务，急危重病人初级救护、及时转诊。为了建立县、乡、村一体化管理模式，落实农村公共卫生和基本医疗卫生服务，闽宁镇卫生院选派主治医生在原隆村卫生室常年坐诊，为原隆村患者提供中西医诊疗服务，实现村里群众小病就医不出村。原隆村卫生室门诊诊疗人次由 2014 年的 1 万人次提升到 2016 年的 3.3 万人次。

二　加强人口计划生育管理

按照《中华人民共和国人口与计划生育法》《宁夏回族自治区计划生育条例》《国家基本公共卫生服务规范（第三版）》等有关规定，原隆村加强村民健康教育、预防接种、孕产妇和儿童健康管理、计划生育等重点服务，狠抓人口和计划生育工作，开展计划生育优质服务示范站创建活动，每年平均举办优生优育培训班3场次，培训妇女300余人次。加强婚育文明建设，改进服务方式方法，建立了原隆村计划生育文化长廊，积极宣传计划生育、优生优育知识。深入开展"婚育新风进万家"，努力提高群众对人口和计划生育工作的满意度。全村计划生育政策符合率达到97%，年均人口出生率为14.8‰。

第四节　社会保障

社会保障是指国家通过立法，积极动员社会各方面资源，保证无收入、低收入以及遭受各种意外灾害的公民能够维持生存，保障劳动者在年老、失业、患病、工伤、生育时的基本生活不受影响，同时根据经济和社会发展状况，逐步增进公共福利水平，提高国民生活质量。"十二五"以来，宁夏加快社会保障体系建设，新型农村社会养老保险制度、新型农村医疗保险制度日益健全，村干部养老保险、失地农民养老保险的范围进一步扩大，养老金发放标准进一步提高，对和谐社会的构建发挥了重要的作用。原隆村是永宁县最大的移民安置村，贫困人口多，患重病、残疾人口多，面对这一现状，原隆村以改善民生为出发点，强化社会兜底脱贫，补齐公共服务短板，社会保险覆盖面不断扩大，实现了"无缝隙"保障，增强了人民群众的获得感、幸福感。2016年底，原隆村参加医疗保险人数达到9000余人，参加养老保险缴费人数4200余人。

一 着力落实社会保险、社会救助与社会优抚

2016年，原隆村为1501人发放养老金396万元，为70岁以上的329人发放生活补助金39.48万元，为80岁以上的151人发放高龄津贴90.6万元。同时，社会救助惠泽弱势群体。2016年，为全村309位低保对象发放低保资金87.68万元，散养五保户6人发放五保资金5.98万元，为全村416位残疾人发放残疾补贴48.2万元。

二 持续实施"暖心工程"

原隆村累计为2640名50岁以上群众开展免费体检活动，为363名60岁以上群众免费送生日蛋糕及祝福活动，开办老年饭桌，解决了60岁以上孤寡老人的一日三餐问题。

三 多举措推动村民就业创业

一直以来，原隆村狠抓创业就业工作，通过多重举措，有序引导村民创业就业，千方百计增加农民收入。通过技术培训，使100多名农民在壹泰牧业、立兰酒庄、青川管业、盛景光伏等企业实现了就业。同时，积极拓宽就业渠道，以项目建设、招商引资、自主创业的方式促进农户实现就业。以建档立卡贫困户、低保户、贫困户大学生、农村残疾劳动力为重点，对建档立卡贫困户中的"零就业家庭"实施就业帮扶，3位贫困户大学生实现了创业。

第五节 文化体育

近年来，宁夏把发展文化体育事业作为关注民生的大事来抓，大力繁荣发展文化体育事业，加快构建覆盖城乡、便捷高效的公共文化体育服务体系，着力推进公共文体服务标准化、均等化，组织开展形式多样的群众性文化体育活动，文化体育事业得到快速发展。原隆村文化体育事业呈现良好的发展势头，青少年校外体育活动蓬勃发展，农民体育活动逐步开展，在促进原隆村经济社会发展、推进社会主义和谐社会进程中发挥了重要作用。

一　文化体育设施不断完善，保障了群众的文化活动需求

目前，原隆村拥有一座占地 1.2 万多平方米的农贸兼文化广场，一个 1.4 万多平方米的休闲文化公园、灯光球场，一座占地 600 平方米的文化活动服务中心，内设电影院、残疾人康复活动室、儿童乐园、体育活动室、电子图书阅览室、书香苑、民俗文化陈列展示室、妇女之家八个功能室，为群众就近、方便地开展文化活动、参加体育锻炼创造了良好的条件。

二　开展蓬勃向上丰富多彩的文化体育活动

自治区开展的"体育下乡、篮球进村"和"农民体育节"等品牌活动，促进了原隆村文化体育活动的发展。原隆村配置了体育健身器材，印发体育科普材料 150 余份，积极开展农民群众喜闻乐见、小型多样的体育健身活动，每年开展农民篮球比赛 2 次。同时，原隆村建立了 3 支秦腔、秧歌、广场舞等民间文化团队，每年开展社火、广场舞、秦腔、舞狮等文化活动 100 场次以上。极具特色的文化体育活动为群众提供了充分展示自我的舞台，极大地丰富了群众的文化生活。

三　开展文化教育活动，提高村民素质

原隆村从"扶智、扶志、扶贫、扶风"入手，开展了

以"诚信、感恩、勤劳致富"为主题的文化教育活动，在村部设立了道德积分榜，按照友爱互助、爱岗敬业、孝亲敬老、诚实守信、健康生活五项指标，开展评星定级，积极树立典型，先后有6人登上原隆村好人榜、1人登上德润榜、13人登上道德积分榜，全村形成了积极向上、和睦向善的良好风气。

第六节　美丽村庄建设

建设美丽村庄是促进农村经济社会快速发展、提升农民生活品质、加快城乡一体化进程的重大举措，是推进新农村建设和生态文明建设的主要抓手。原隆村全面落实永宁县委"建设幸福村居、打造美丽乡村"的工作部署，坚持把美丽乡村建设与产业发展、农民增收和民生改善紧密结合起来，按照科学规划布局美、村容整洁环境美、创业增收生活美、乡风文明身心美的目标要求，全面建设宜居、宜业、宜游的美丽乡村，提高城乡居民生活品质，促进生态文明建设，提升群众幸福感。

一　着力推进文明乡风培育

原隆村深入开展美丽乡村创建活动，把提高农民群众生态文明素养作为重要的创建内容。充分利用各类宣传工具和形式，利用一切文化阵地，大张旗鼓地开展形式多样的生态文明、美丽村庄宣传活动，引导村民追求科学、健康、文明、低碳的生产方式和行为方式，形成农村生态文明新风尚，构建和谐的农村生态文化体系。

二 促进乡村社会和谐

在新的历史时期，传承和弘扬我国自古所崇尚的以和为贵、和谐为美的和谐社会，建设各阶层人民和睦相处、和谐共治的和谐社会，正是社会主义精神文明建设所追求的目标。首先，原隆村从加强农村社会管理入手，深化完善"网格化管理、组团式服务"的农村社区管理模式。其次，全面推行村务公开制度，积极推行以村党组织为核心，以民主选举法制化、民主决策程序化、民主管理规范化、民主监督制度化为内容的农村"四化一核心"工作机制，合理调节农村利益关系，有序引导农民合理诉求，有效化解农村矛盾纠纷，维护农村社会和谐稳定。

三 推进"生态人居"工程

一是按照"科学规划布局美"的要求，实行村庄统一规划。按照户均 0.4 亩或 0.6 亩的宅基地、54 平方米住房、人均 0.6 亩耕地进行安置，做到住房安全、实用、美观，配套建设了村道路、供排水、供电、通信、网络等基础设施，给水、排水系统完善，管网布局合理，饮用水符合国家饮用水卫生标准，入户率达100%。

二是优化美化村庄。以打造"净、绿、亮、美"的村庄环境为目标，以增绿色、整脏乱为重点，按照整体规划、突出重点的原则，采取新造、封育等措施，改造了公路沿线两侧的绿化景观带，主干道和公共场所路灯安装率达到95%以上，提高生态效益和景观效果。对交通干道以及原隆村主要出入口，进行整体风貌设计塑造，突出回族风貌和地域特色。整治生活垃圾，全面推进"户集、村收、镇运"垃圾集中处理模式，合理设置垃圾收集点，做到户有垃圾桶、自然村有垃圾收集池，行政村负责垃圾收集，实现了日常生活垃圾"日日清"，并不断加大检查考核力度，确保乡村清洁，初步形成了农村环卫长效管理机制。

四 着力推进农民创收增收

原隆村把发展特色农业作为农民增收的主要渠道，因地制宜实施农业产业结构调整整村推进战略，以农民增收为目标，以产业培育为重点，初步形成了以劳务输出、红树莓和葡萄种植、光伏农业、肉牛养殖为主的四大产业，探索出一条农民脱贫致富可复制、可推广的新模式，推动了原隆村社会经济的全面发展。

一是加快发展种植业。在自愿的基础上，将农户的耕地流转给企业集中经营，集中发展葡萄产业1500亩，栽培红树莓 2700 亩，带动原隆村 2950 多人实现了就业，人均年收入 1.8 万元。花卉、食用菌、有机蔬菜已成为种植的重点，产品已出口日本和阿联酋，尤其花卉出口量已占迪拜市场第三位，贫困户户均年收入达 1 万元。

二是规模发展肉牛养殖业。引进宁夏壹泰牧业有限公司，建成一座万头肉牛养殖基地，实施肉牛托管扶贫新模式，即政府贴息为企业贷款，企业为原隆村精准识别的 70 户贫困户，每户托管肉牛 4 头，每户每年保底分红 8000 元。同时，企业吸纳群众就业 80 多人，人均年收入 2.2 万元。积极探索特种养殖，蚯蚓、蝎子养殖已成为养殖业的亮点。

三是探索发展光伏产业。原隆村充分利用贺兰山东麓充足的光能资源优势，引进江苏振发能源集团有限公司建设光伏电站，项目一期占地 1245 亩，装机容量 30MV，220 套发电设备已并网发电。建成农业设施大棚 588 座，采取"光伏 + 养殖 + 种植"模式，应用智能精准灌溉、农业物联网溯源、农业自动化控制、二氧化碳气肥、无土栽培、立体种植、物理杀虫、苗床雾化等先进技术及设备，逐渐形成以花卉、茶叶种植为重点，以蚯蚓、蝎子特种养殖为亮点，以食用菌、有机蔬菜种植为抓手的产业布局。带动原隆村 350 人实现了就业，人均年收入 2.5 万元。

四是重点发展劳务产业。原隆村成立生态移民创业就业服务站，对移民群众进行职业技能、实用技术等多种形式的技能培训，有组织地引导移民外出务工就业创业。2016 年，组织各类技能培训 6 期 307 人次，培训劳务经纪人 46 人，组织移民外出务工 3689 人次，年劳务收入 5200 万元，年人均收入 1.4 万元以上。劳务收入占原隆村收入的 80% 以上，成为增收的主渠道。

五是发展葡萄文化旅游业。葡萄酒庄丰收自驾游是永宁县打造全域旅游、构建葡萄酒庄——闽宁镇特色旅游线路的重点旅游活动。近年来，原隆村坚持以资源为依托，以市场为导向，积极发展葡萄酒庄自驾游和采摘红树莓旅游。葡萄酒庄自驾游可以在长城云漠酒庄、巴格斯酒庄和玉泉国际酒庄品味醇香的葡萄酒，参观葡萄酒庄及酿造车间。红树莓堪称戈壁滩上长出的"红宝石"，现已种植 300 亩。游客在采摘红树莓时，可以感受原隆村的生态美。葡萄文化旅游为农民探索了一条致富路，有力地推动了原隆村的经济发展。

第七章

原隆村经济社会发展面临的挑战与建议

村庄是我国农村基层的自治单位，是农村经济社会的基本单元。村域作为农村经济发展的空间载体，其发展状况不仅影响着经济发展的大局，而且关系全面建成小康社会目标的实现，更是当前我国解决"三农"问题的着力点。原隆村规划建设始于 2010 年，2012 年 5 月实施搬迁，至 2016 年 10 月搬迁结束，共迁入七批移民 1998 户 10515 人 14 个村民小组，其中，回族群众 805 户 3403 人，占移民总数的 32%。迁入的移民群众来自固原市原州区（炭山乡、中和乡、开城镇、三营镇、张易镇）和隆德县（奠安乡、山河镇、杨沟乡、凤岭乡、温堡乡、沙塘乡、观庄乡、神林乡）的 13 个乡镇，是闽宁镇最大的移民安置村。目前，原隆村在经济社会发展等方面取得了显著的成就，但经济社会发展整体水平还不高，还面临着诸多发展瓶颈和严峻挑战。

第一节　原隆村经济社会发展面临的严峻挑战

一　思想还不够解放，敢闯敢试的劲头不足

原隆村适应新常态、应对新挑战、把握新规律，推进农业供给侧结构性改革的措施还不实，在日常村务管理上无新招。一些干部的法治思维和执行能力需进一步增强。有的村干部借口怕出事，从嘴上的"为官不易"到行动的"为官不为"，工作中缺少务实的风气、担当的勇气和创新的锐气。联系服务群众缺乏真功夫，深入群众不够经常，体察民情不够直接，服务群众不够主动，排解民忧不够及时。接触群众特别是困难群众偏少，有效联系服务群众的渠道和方式单一。

二　产业发展层次低，竞争力不强

原隆村属于移民村，经过几年的快速发展，初步形成了酿酒葡萄和红树莓种植业、劳务产业、畜牧养殖业和菌草产业，但仍以传统农业经营模式为主，产业链条短，竞争力不强，脱贫致不了富。从目前课题组调研的情况看，原隆村的种植业还没有走出传统种植的路子，设施农业只是零星的"小盆景"，种植经营水平也不高，效益也差，尚未形成有效产业链。原隆村有上千户1万多人，养牛养羊的没有几户，不但没有在市场上出售的，而且移民自给

自足都不够。劳务输出人员体能型、低收入的多,技能型、高收入的少。没有充分利用周边旅游资源,旅游产业发展滞后。

三 资源环境约束日益加大

一是土壤盐渍化问题日趋严重。原隆村土壤类型主要为淡灰钙土、山地灰钙土、山地灰褐土等,其中淡灰钙土的 pH 值为 8.1~9.0,表土层不到 10 厘米,有机质含量低,土壤保水保肥能力差。由于长期有灌无排,造成大部分地下水排不出去,土壤盐渍化问题严重影响了农业生态系统。二是水资源短缺与利用效率低下令人担忧。一方面,随着气候变化影响的加深,黄河水呈减少趋势。宁夏供水总量中,黄河水源占总供水量的 90%,水资源短缺形势越来越严重。另一方面,水资源利用效率低下令人担忧。2016 年,宁夏灌溉水有效利用系数只有 0.511。三是人地关系矛盾较为突出,人口的过快增长造成土地资源的过度利用,使植被破坏、土壤肥力下降,环境承载力低下,脆弱的生态环境进一步制约了原隆村的发展。

四 农业结构调整任重道远

一是结构调整的重点还不够突出。对一些具有市场竞争力的优质特色农产品开发扶持力度不够,形不成规模经济,原隆村还没有从根本上跳出农业结构调整的小圈子，一、二、三产业结构仍不合理。二是农业科技化程度不高。原隆村农业科技的应用还存在许多不足之处，主要包括以下几个方面：投入不足，农业科技推广存在资金困难，基础设施条件较差；农技推广体系不健全，与市场和农民的要求存在诸多不协调的地方；推广方式不合理，成效不明显；农业科技贷款比重过小。2016年底，原隆村农业科技贷款为41万元，仅占同期涉农贷款总量的0.63%，贷款对农业科技的支持明显不够。

五　基本公共服务供给不足

作为西部地区和少数民族地区，原隆村经济发展比较落后，基本公共服务供给不足尤为严重。在二元经济结构下，城市基本公共服务供给锦上添花，而农村基本公共服务供给规模和质量难以满足人民群众日益增长的对美好生活的需求。2016年，原隆村人均拥有公共文化体育设施面积仅有0.42平方米，人均公共文化财政支出仅有205元，公共交通服务指数20.23%。一是基础设施薄弱。原隆村主要依托201省道实现对外联系，联系通道等级较低，以三级、四级公路为主，线路不够顺畅。东距永宁县城37公里，北距银川城区30公里，距离较远，区位较偏，发展动力不足。二是教育发展滞后。原隆村只有一所公办幼儿园和一所小学，无法满足农村儿童接受学前教育和基础教育的需求，且学前教育和小学教师队伍的素质、能力和学历层次偏低。在原隆村幼儿园中，"高中及以下学历"的幼儿教师占总数的67%，比例明显偏高。学前教育尚未纳入义务教育之中，导致地方政府对学前教育工作的重视程度不够，关注程度较低，影响原隆村教育事业的健康发展。三是医疗水平偏低。村卫生室是三级医疗卫生服务体系的网底，承担直接为广大农民提供医疗卫生服务的重任，在农村防病治病第一线发挥着不可替代的作用，是为广大农民提供基本医疗、预防保健服务的不可或缺的重要力量。近年来，随着全区村卫生室标准化建设步伐加快，乡村医生的服务能力和待遇有所提高，但村卫生室仍面临诸多问题。首先，卫生室医疗服务项目简单，只能开展肌肉注射和静脉滴注，医疗器材仅限于体温计、血压计，专业技术医务人员匮乏，总体医疗水平偏低。其次，乡村医护人员总量不足。原隆村有1万多人，仅有医疗工作人员6名，这意味着每名工作人员平均每年要为1666名村民提供基本医疗卫生服务。四是社会保障不完善，社会组织在总体上仍然处于发展初级阶段。原隆村的养老问题是一个非常现实的社会问题。解决养老问题，单靠个体家庭和政府层面的力量是不够的，迫切需要有社会力量来有效解决老年人的生活照料、精神生活等多方面的需求。原隆村的社会组织存在"散、小、差"的问题，对促进农村经济社会发展和城乡一体化进程的作用极为有限，还远远不能适应经济社会发展的需要。五是文化环境较为封闭。文化环境包括社会结构、语言、信仰和教育水平，它体现着一个国家或地区的社会文明程度。2016年，原隆村15岁及以上人口文盲率为7.74%，人口受教育程度达不到初中文化水平，农村劳动力文化素质低下导致接受新技术、吸纳信息、参与市场竞争能力低下。受近距离的城市文化和汉文化的冲击和影响，经过多年文化适应，原隆村正逐步由原来的以血缘、封闭、同质型为主的传统文化向以业缘、开放、多元、异质的现代文化转变，文化适应的进程艰苦而缓慢。

六　社会管理问题突出

原隆村是永宁县最大的移民安置村，有 14 个村民小组，移民来自固原市原州区和隆德县的 13 个乡镇，由于"大分散、小聚居"的特点，各地的回族村民在经济、文化、宗教、习俗等方面表现出大同小异的状况，宗教组织和宗教仪式存在一定的细微差距，原有各村庄之间村民在交往和互动上容易产生摩擦和冲突。有的村民小组已经出现了征地补偿纠纷，群体性上访案件、个体性上访案件和违法违纪现象时有发生，村民上访呈现上升态势。

第二节　加快原隆村经济社会发展的对策建议

农业农村农民问题是关系国计民生的根本性问题，必须始终把解决好"三农"问题作为农村工作的重中之重。党的十九大报告提出了实施乡村振兴战略，中央经济工作会议也强调，要科学制定乡村振兴战略规划，实施乡村振兴战略，这是对新时代"三农"工作做出的重大战略部署。实施乡村振兴战略，要按照产业兴旺、生态宜居、乡风文明、治理有效、生活富裕的总要求，建立健全城乡融合发展体制机制和政策体系，加快推进农业农村现代化。

一　建立健全城乡融合发展体制机制和政策体系

要树立城乡"一盘棋"的思想，城市和乡村的发展都要服务城乡融合发展大局，为城乡融合发展创造良好的制度环境。一要树立城乡融合发展的理念。城乡是一个相互依存、相互融合、互促共荣的生命共同体，城乡共荣是实现全面小康和全面现代化的重要前提。党的十九大报告明确指出，当前我国社会主要矛盾已经转化为人民日益增长的美好生活需要和不平衡不充分的发展之间的矛盾。城乡发展的不平衡、乡村发展的不充分是我国不平衡不充分发展的突出表现。2016 年，宁夏城乡居民人均可支配收入之比仍然高达 2.8 ∶ 1，农村基础设施和公共服务也远不能适应人民日益增长的美好生活需要。因此，树立城乡融合发展的理念，实现城乡共建共享共荣，是破解不平衡不充分发展难题的根本途径。二要大力促进城乡要素融合互动。在我国城市公共资源和公共服务向农村延伸的步伐明显加快的新形势下，要按照"平等、开放、融合、共享"的原则，积极引导人口、资本、技术等生产要素在城乡之间合理流动，促进城市公共资源和公共服务向农村延伸，加快推动城市资本、技术、人才下乡的进程，实现城乡要素双向融合互动和资源优化配置。三要建立城乡融合的体制机制。目前，要着力深化城乡综合配套改革，构建城乡统一的户籍登记制度、土地管理制度、就业管理制度、社会保障制度以及公共服务体系和社会治理体系，促进城乡要素自由流动和公共资源均衡配置，实现城乡居民生活质量的等值化。特别是要依靠深化农村产权制度改革，全面激活农村各种资源，尽快打通"资源变资产、资产变资本"的渠道，实现农村资源的资产化、资本化，为农民持续稳定增收开辟新的渠道。四要完善城乡融合的政策体系。当前，要重点把政府掌握的公共资源优先投向农业农村，促使政府公共资源人均投入增量向农村倾斜，逐步实现城乡公共资源配置适度均衡和基本公共服务均等化。同时，要在进一步增加农村基础设施和公共服务供给数量的基础上，着力改善供给结构，提高供给效率和质量。

二 在激发内生动力上下功夫

作为一个生态移民村，实现从"授人以鱼"到"授人以渔"方式的嬗变，是新常态下原隆村经济社会可持续发展的必由之路。在中央经济工作会议上，习近平总书记指出，抓好教育是扶贫开发的根本大计，要让贫困家庭的孩子都能接受公平的有质量的教育，学会一项有用的技能，尽力阻断贫困代际传递。扶贫先扶智，"扶志"就是要把贫困农民主动脱贫的志气"扶"起来，增强他们脱贫增收的主观能动性；"扶智"就是从职业教育、农技推广、信息流通渠道拓展等方面，培育有科技素质、有职业技能、有经营意识与能力的新型农民，以开拓致富门道，转变农业发展方式。通过培训学习，实地参观考察，在不同理念的碰撞中，换脑子、增技能，提高自我发展能力。

三 积极推进农业结构调整

农村产业结构与农村经济发展状况和农村经济效益之间有着内在的必然的联系，在同样的经济总量基础上，合理的产业结构能够使各种生产要素得到比较合理的配置，从而取得良好的经济效益。衡量农村产业结构是否优化的首要标志就是能否充分有效地发挥当地资源优势，并使其优势长期保持，资源永续利用。一要按照高产、优质、高效、生态、安全的要求，优化调整农业结构。加快发展特色农业、绿色食品和生态农业，做大葡萄酒、光伏、劳务等主导产业，规模发展肉牛养殖业，扩大畜禽良种补贴规模，推广健康养殖方式。安排专项投入，支持标准化肉牛养殖示范点建设。大力发展红树莓种植业。2016 年，原隆村红树莓种植面积为 2700 亩，在继续扩大现有规模的基础上，通过对红树莓进行深加工，提高产品附加值，增强产品市场竞争力。加强农产品品牌建设，提升农业全产业链社会化服务水平。二要着力发展葡萄酒旅游业。葡萄酒旅游具有文化性、体验性、参与性、高品位性、高教育性等诸多特点。作为一种新的消费方式，葡萄酒旅游不仅需要差异化的葡萄酒文化产品，更需要葡萄酒文化内涵的传播平台。宁夏同程葡萄酒酒店落户宁夏贺兰山东麓葡萄酒产区，为原隆村葡萄酒产业与旅游产业的融合发展提供了难得的发展机遇。宁夏同程葡萄酒酒店不仅以贺兰山东麓40家葡萄酒庄为客房命名，而且设有品评贺兰山东麓葡萄酒的酒吧、推介葡萄酒文化的展评室。首先，依托原隆村处于银川西线旅游带和贺兰山东麓文化旅游长廊核心区优势，着力培育红酒品鉴自驾游、光伏生态采摘游、手工制作体验游、养殖和红树莓观光游等旅游产品，形成中粮长城云漠酒庄—德龙酒庄—昌盛光伏农业科技园—红色旅游基地（习近平总书记去过的海国宝、马西亮家）壹泰牧业万头肉牛养殖基地—立兰酒庄—红树莓生态种植园这一旅游线路，加大葡萄采摘、酿酒、品酒等体验性特色活动，提高葡萄酒旅游的市场品牌。其次，开发地方特色菜肴，积极创建星级农家乐，建立地方特色鲜明、民俗风味浓厚、环境整洁卫生、服务水平一流的农家餐饮住宿娱乐体系。最后，加强原隆村基础设施建设，努力营造良好的投资硬环境。加大对农业基础设施的投入，提高农业抵御风险的能力。积极改善原隆村基本生产条件，配套完善道路交通、供水供电、通信网络等设施，加强农业信息化建设，提高原隆村农业信息化、机械化水平，营造有利于现代农业发展的硬环境。同时，加大对农业生态环境建设的投入，发挥农业综合开发资金对各类资本投入的引导作用，创造条件吸引外商投资农业领域，实施无公害农产品标准化生产，综合整治各类环境污染。健全教育、文化、卫生等社会服务设施，为外商投资创造良好的生产生活环境，促进现代农业持续、稳定、快速发展。

四　培养和引进专业人才，为经济发展服务

农业专业人才的培养要采取"走出去、请进来"的方法，"走出去"就是长期生活在原隆村的中青年农民，到经济技术发达的地区去工作学习，在学习中用新知识、新思维不断充实自己的头脑。同时，政府应加强就业技能培训，使这些农民具有一技之长，为"走出去"打下扎实的基础。"请进来"就是引进农业专业人才。一方面要鼓励那些大中专毕业生走入原隆村，另一方面要鼓励那些曾经"走出去"、现在学有所成、有一定资金积累的人员回乡创业，为原隆村经济社会发展服务。

五　发展农业科技，提高农业效益

科技强则农业强，原隆村农业经济的发展，最终要依靠农业科技的进步与创新。一是增加科教兴农的投入。各级政府要大幅度增加对农业科技的投入，要鼓励社会资本进入农业科技研究推广领域，特别是加大对农业科技成果转化的支持力度。通过"绿箱"政策等形式，增加农业科技研究和科技成果转化资金，促进自主创新，提高农技研究推广人员的待遇，建立以政府投入为主导、社会投入多元化的农业科技投入体系。二是加大农业科技体制改革

力度。通过改革，激发科技人员创新活力，不断提升农业科技自主创新能力、协同创新水平和转化应用速度，建立机构布局科学、学科设置合理、队伍精干、管理有序的新型农业科技创新体系以及"开放、流动、竞争、协作"的运行机制。三是切实加强农业科技推广和科技服务体系建设。配备更多更好的农技推广人员，多渠道、多层次、多形式地加强对农民的教育培训，使农民了解和掌握相应的农业实用科技知识。同时，围绕推进原隆村经济产业化，抓好科技成果转化，推进和完善农业科技示范园区建设，使之成为推广应用农业科学技术和优良品种的重要基地。实施科技人才培养行动，加速造就一支由学术带头人、农业技术推广人才、农业科技企业家、高素质农民和农业科技管理人才共同组成的农业科技队伍。要在加强农技推广机构的同时，大力发展农民、企业技术推广与服务组织，支持农村各类专业技术协会的发展。

六　大力发展教育事业

百年大计，教育为本。必须把教育事业放在优先位置，要紧紧围绕社会关注、人民关切的热点难点问题，深化教育改革，坚持立德树人，强化思想引领，加快教育现代化，办好人民满意的教育。一是进一步加强原隆村义务教育控辍保学工作机制建设。要按照国务院办公厅印发的《关于进一步加强控辍保学提高义务教育巩固水平的通知》精神，聚焦控辍保学工作机制建设，要因地因家因人施策，确保不因厌学、贫困、上学不便而辍学。提高原隆村义务教育巩固水平，保障义务教育发展。二是要加强和改进原隆村小学德育工作。立德树人是教育的终极目标，要加强小学生素质教育，重视培育社会主义核心价值观，加强小学生中华优秀传统文化教育，强化革命传统教育。三是建立学校之间帮扶协作机制，提升原隆村小学办学水平。要加大帮扶协作力度，通过县城学校与原隆村小学之间的"城乡互动""以强带弱""捆绑式""发展联合共同体"等方式，在资源共享、学校管理、教学研讨、学生活动等方面构建协作机制。通过课程合作实现教学艺术的交流，通过教学研讨实现教学技能的传递。充分发挥优质教育资源的辐射带动作用，有效促进原隆村小学办学水平的不断提高。四是推行中小学校长竞争上岗制度。首先，要建立一整套科学可量化的校长选拔标准，择优聘用德才兼备、群众公认、业绩突出的优秀管理人才，逐步建立能者上、庸者下，让优秀管理人才脱颖而出的、充满活力和生机的用人制度，推动原隆村教育快速、协调、健康发展。其次，不断完善校长负责制和任期轮岗制。加大原隆村小学中层管理干部培养，通过到东部发达省份学校挂职锻炼和参加管理干部培训班等形式，逐步提高管理水平和教育教学技能，努力构建一支德才兼备、懂业务、善管理、结构合理的学校管理队伍，提高学校的管理水平。五是建立中小学教师编制动态管理机制。按照"总量控制、城乡统筹、结构调整、有增有减"的原则，在核定的编制总额内，按照隶属关系，由教育部门按照班额、生源等情况，调整和使用原隆村小学教职工编制。完善小学教师补充机制，确保学校开齐课程、开足课时。六是加大小学教师培养培训力度。通过实施"国培计划""宁夏农村中小学教师能力建设行动计划""宁夏骨干教师培养培训计划"等，健全以自治区、市、县三级骨干教师培养为龙头，以农村小学教师全员培训提高为重点，以继续教育为依托的教师培养培训体系。充分发挥县级教育资源中心的作用，通过网络等现代技术手段，加大培训力度，整体提升原隆村小学教师专业化水平。

七 提高医疗卫生水平

要进一步改善原隆村卫生室设施条件，稳定村医队伍，巩固农村三级医疗卫生网络，推进原隆村卫生管理工作健康发展。一是改善村卫生室设施。地方财政要加大对原隆村卫生室建设的扶持力度，按照有关规定，安排村卫生室修缮和基本医疗设备购置经费，确保村卫生室建设需要，并形成长效的投入机制。二是着力完善补偿机制，逐步提高村医工作待遇。对乡村医生提供的基本公共卫生服务，要通过政府购买服务的方式进行合理补助，并逐年提高补助标准，建立健全以乡村医生提供服务的数量和质量为补偿基础的多渠道补偿机制。三是着力强化在职培训，提高村医从业素质。采取临床进修、函授学习、参加专题讲座等多种培训方式，不断更新医学知识，提高乡村医生的专业素质水平和法律法规意识。同时，建立健全培训管理制度，增强乡村医生参加培训的积极性，提高从业素质。

八 推动少数民族特色村寨的保护与发展，扩大少数民族特色村寨品牌的影响力和辐射力

2014 年，原隆村被国家民委命名为"中国少数民族特色村寨"，这一品牌将对原隆村经济社会发展产生巨大的推动作用。原隆村是回、汉两民族混居的村落，分为南北两区。北区是 400 户汉族民居，砖木石结构、红墙赤瓦，象征着民族团结，屋顶华丽动人的"燕尾式"脊角，装点着原隆村的和谐美丽；南区则是 800 户具有浓郁伊斯兰建筑风格、在建筑空间与装饰上渗透着独特的地域文化与民族文化的回族民居，具有民族风情的院墙、伊斯兰风格的文化广场和回族长廊是原隆村的地标性建筑。目前，要通过打造原隆村旅游精品示范点、加强旅游管理人才培训、创建旅游特色村等一系列措施，进一步完善原隆村旅游基础设施和公共服务设施，打造升级版的乡村旅游长廊，提升少数民族特色村寨旅游品质和知名度，扩大少数民族特色村寨旅游品牌的影响力和辐射力。

九 加快推进农村金融产品和服务方式创新，提升金融服务水平

一是积极创新探索农村金融服务新模式。结合原隆村

实际情况，积极探索"龙头企业 + 农户""银行（信用社）+ 保险 + 农户""农村经济合作组织 + 农户""担保公司 + 农户"等多种农村金融服务模式，加快农村金融产品和服务方式创新。二是建立健全守信激励与失信惩戒机制。加强农村信用体系建设，要加强对农户诚信宣传和诚信教育，积极推行以信用体系建设为基础的农民信用户、信用村以及信用乡（镇）的评定工作。三是开展"诚信抵押、文明担保"的农村道德信用工程。逐步建立以政府为主导，人民银行、银行业金融机构、政府相关部门共同参与的农村社会征信体系，改善农村信用环境。四是建立涉农贷款与涉农保险联动机制，使涉农贷款受益于农业保险补偿功能，以有效分散贷款风险。同时，各级政府、财政部门，要从专项扶持基金中提取一定比例的资金，用于偿还农户因灾、因病、因祸等因素形成的不良贷款。

十 加强科技对农业发展的支撑，走集约型的农业发展道路

一是加快农业科技自主创新。在农产品精深加工、农业生态环境保护和资源利用等领域，加快核心技术研发。二是增加农业科研投入。要以政府投入为主体，制定优惠的税收、价格政策，鼓励并引导工商资本、民间资本和外商资本投入农业科技。三是激发农户对农业技术的需求。采取技术培训或者媒体传播等手段，将最新的科技信息传达给农民，培养农民的科技意识，增强农民吸纳科技的能力。

十一 进一步创新社会管理

不断巩固网格化管理成果，充分调动网格管理者的积极性、主动性和创造性，切实提高社会管理和公共服务效能。一是健全完善群众自治组织体系。加快组建村、组群众自治组织，充分发挥基层自治组织在民事纠纷调解、治安保卫、公共卫生、文体活动等方面的作用，实现全方位的网格化、扁平化、信息化的社会管理体系。二是大力开展综治、信访、维稳和平安创建活动，健全完善信访矛盾纠纷调处包案制、安全生产责任制等制度，针对影响社会稳定的突出问题，组织开展社会治安整治、矛盾纠纷排查调处、集中专项治理和法制宣传教育活动，积极排查整治安全隐患。不断增强社会治安防控能力，加强矛盾纠纷排查调处力度，全力维护社会政治稳定。

十二 完善农村文化服务体系

党的十九大报告提出，要完善公共文化服务体系，深入实施文化惠民工程，丰富群众性文化活动。一是大力实施原隆村文体活动场所和设施建设工程，重点扶持文化活动广场、群众业余文艺团队、体育健身室、农家书屋等建设，广泛开展节日民俗活动、文化娱乐活动，用丰富的文化活动吸引群众，用健康的文化生活熏陶群众，把欢乐文明送给群众，用先进文化占领农村思想文化阵地，让群众远离"黄、赌、毒"，自觉抵制不良社会风气。二是积极推进农村公益电影放映、广播电视村村通向户户通升级等公共文化惠民工程建设，进一步健全和完善公共文化服务体系，保障群众的基本文化权益，满足群众对美好生活的新期待。同时，通过试点带动、重点扶持、鼓励先建后补等方式，推动农村电影固定放映点建设，改善农村群众的观影环境。三是按照基本公共文化服务标准的要求，加大检查督促力度，建立目标考评机制，加快推进公共文化服务均等化建设，让广大群众共享文化发展的成果。

十三　实施环境综合整治工程

一是集中整治原隆村环境卫生。要聚焦垃圾乱倒乱放、污水横流、厕所脏臭等农村环境痼疾顽症，集中治理居民小区楼院、屋顶、挑檐等部位的空中垃圾以及在公共用地、楼道内乱堆乱放、室外乱吊乱挂等现象，突出抓好卫生死角和群众反映强烈的各类卫生问题，切实改善群众居住环境。二是积极开展"治乱"。结合安全隐患大排查大清理大整治专项行动，坚决遏制新增违建，要建管并重，有序推进基础设施和公共服务设施的建设与运行。三是开展"增绿"行动。实施街巷绿化工程，打造"道路硬化、巷道亮化、楼间绿化、环境净化、小区美化"的宜居环境。健全自治、法治、德治相结合的乡村治理体系，提升乡村治理水平。

十四　切实加强村风民风建设

村风民风建设是一项系统工程，要着眼全局、突出重点、统筹规划，有计划、分阶段、按步骤、循序渐进地开展。一是加强宣传、广泛发动。要充分利用悬挂横幅、广播、板报、宣传栏、召开各类党员群众会议、印发宣传资料等形式，大力宣传村风民风建设工作，要采取有效措施，创建有利条件，充分发挥群众在村风民风建设中的主体作用，让一切有志于村风民风建设人士的积极性得到充分发挥。二要积极探索新形式，拓展新领域，深化新内容，不断探索群众喜闻乐见、效果明显的新载体。按照"缺什么、普什么"的原则，针对不同群体编写法律宣传教育材料，在原隆村设立"法制长廊""法律宣传栏"，依托原隆村文化书屋建立"法律书屋"，教育群众自觉学法、用法、守法，引导群众通过正当渠道、合法途径表达利益诉求，维护自身合法权益。要善于总结新经验，不断挖掘潜藏在群众中的新经验、新做法、新模式，努力实现村风民风建设新突破。三是深化法律援助工作。建立完善适合原隆村实际的法律援助机制，健全完善基层法律援助便民措施，在各村民小组设置法律援助信息员，为弱势群体和困难群众提供法律援助，为广大群众提供法律咨询和法律帮助，不断扩大法律援助覆盖面。四是培育各类道德模范。深入开展"身边好人好事"的评选活动，培育助人为乐、见义勇为、诚实守信、孝老爱亲等道德典型。积极开展"文明家庭""文明标兵户""孝敬老人好儿女户""热心公益示范户""环境卫生标兵户"等评选活动，并利用宣传载体、新闻媒体和道德讲堂等形式广为宣传，着力营造道德模范层出不穷、善行义举广为传播的良好环境，弘扬邻里团结、家庭和睦、扶贫济困、和谐共处的社会氛围。五是培养文明健康生活方式。通过开展各种形式的重礼节、讲礼貌、告别不文明言行等活动，引导村民增强礼貌、礼仪、礼节意识。在少年儿童中开展"好民风、从小养成""崇尚文明、我们在行动"文明实践和"小手拉大手，共建好民风"活动，在妇女中开展"好民风，女性先行"活动，不断提高群众的道德修养。发挥新闻媒体的重要作用，大力宣传文明健康生活知识，树立文明健康生活典型，引导群众树立正确的生活观念，摒弃落后陈旧生活习俗。开展生态环保、节能减排宣传教育，提升群众环保意识和生态理念，促进身心健康和全面发展。

附 录

附录 精准扶贫精准脱贫百村调研宁夏永宁县原隆村调查问卷

行政村调查问卷（Z1）

（调查时间：2017年）

省（区、市）	Z2 宁夏回族自治区		
县（市、区）	Z3 永宁县		Z4
乡（镇）	Z5 闽宁镇		
行政村	Z6 原隆村		Z7
村干部姓名	书记	Z8 王升	主任 Z9 马志祥
受访者姓名/职务	Z10 海国宝		Z11 副书记
联系电话	Z12 15595520333		
贫困村类型	Z13 □贫困村 [□省定□省以下] □已脱贫村 □非贫困村		
民族类型	Z14 □非少数民族聚居村 □少数民族聚居村（填民族代码 Z15 _3_ ）		
调查日期	Z16 _2017_ 年 Z17 _3_ 月 Z18 31 日，Z19 星期 _五_		
调查员姓名	Z20 师东晖		Z21004
检查员姓名	Z22		Z23

中国社会科学院"扶贫百村调研"总课题组

2016 年

A 自然地理

A1 地貌（①平原；②丘陵；③山区；④高原；⑤盆地）	①	A6 距乡镇的距离（公里）	4
A2 村域面积（平方公里）	9.35	A7 距最近的车站码头的距离（公里）	5
A3 自然村（寨）数（个）	1	A8 是否经历过行政村合并（①是；②否→B1）	②
A4 村民组数（个）	14	a. 哪一年合并（年份，4 位）	
A5 距县城或城市距离（公里）	40	b. 由几个行政村合并而成（个）	

B 人口就业

B1 总户数（户）	1998	B3 常住人口数（人）	10560
a. 建档立卡贫困户数	709	B4 劳动力数（人）	6788
b. 实际贫困户数	900	B5 外出半年以上劳动力数（人）	1250
c. 低保户数	340	a. 举家外出户数（户）	15
d. 五保户数	6	b. 举家外出人口数（人）	38
e. 少数民族户数	7	B6 外出半年以内劳动力数（人）	5538
f. 外来人口户数	0	B7 外出到省外劳动力数（人）	25
B2 总人口数（人）	10578	B8 外出到省内县外劳动力数（人）	1225
a. 建档立卡贫困人口数	3232	B9 外出人员从事主要行业（行业代码，前 3 项）	5
b. 实际贫困人口数	4500	B10 外出务工人员中途返乡人数（人）	0
c. 低保人口数	442	B11 定期回家务农的外出劳动力数（人）	0
d. 五保人口数	6	B12 初中毕业未升学的新成长劳动力数（人）	0
e. 少数民族人口数	3337	B13 高中毕业未升学的新成长劳动力数（人）	0
f. 外来人口数	0	B14 参加"雨露计划"人数（人）	400
g. 文盲、半文盲人口数	3362	a. 参加雨露计划"两后生"培训人数（人）	0
h. 残疾人口数	380		×

C 土地资源及利用

C1 耕地面积（亩）	7000	a.土地调整面积	0
a.有效灌溉面积	7000	C10 2016 年底土地确权登记发证面积（亩）	7000
C2 园地面积（亩，桑园果园茶园等）	1500	C11 全年国家征用耕地面积（亩）	0
C3 林地面积（亩）	0	C12 农户对外流转耕地面积（亩）	7000
a.退耕还林面积	0	C13 农户对外流转山林地面积（亩）	0
C4 牧草地面积（亩）	0	C14 参与耕地林地等流转农户数（户）	1998
C5 畜禽饲养地面积（亩）	0	C15 村集体对外出租耕地面积（亩）	7000
C6 养殖水面（亩）	0	C16 村集体对外出租山林地面积（亩）	0
C7 农用地中属于农户自留地的面积（亩）	0	C17 本村土地流转平均租金（元/亩）	470
C8 未发包集体耕地面积（亩）	0	C18 本村林地流转平均租金（元/亩）	0
C9 第二轮土地承包期内土地调整次数（次）	0	C19 全村闲置抛荒耕地面积（亩）	0

D 经济发展
（一）经营主体与集体企业

D11 村农民年人均纯收入（元）	12225	D19 其他企业数（个）	0
D12 农民合作社数（个）	4	D110 企业中，集体企业数（个）	4
D13 家庭农场数（个）	0	a.资产估价（万元）	6000
D14 专业大户数（个）	0	b.负债（万元）	0
D15 农业企业数（个）	4	c.从业人员数（人）	1200
D16 加工制造企业数（个）	0	d.吸纳本村从业人数（人）	709
a.主要行业（制造业分类代码，前 3 项）		e.主要行业（行业代码，前 3 项）	1
D17 餐饮企业数（个）	0	D111 集体企业经营收入（万元）	
D18 批发零售、超市、小卖部数（个）	40	D112 集体企业经营利润（万元）	

注：收入来源代码：①务农；②本地务工；③外出务工；④非农经营；⑤其他（注明）。

（二）农民合作社

序号	名称 a	领办人（代码）b	成立时间（年月）c	成立时社员户数（户）d	目前社员户数（户）e	业务范围 f	总资产（万元）g	总销售额（万元）h	分红额（万元）i
D21	互助资金合作社	海国宝	201403	372	620	贷款	500	620	
D22	土地股份合作社	马志祥	201610	1998	1998	土地流转	300	0	298
D23	红树莓合作社	马志祥	201508	120	120	种植	7931		
D24	光伏绿能合作社	马志祥	201503	76	76	种养殖	24000		76
D25									

注：领办人代码：①村集体；②村干部；③村干部以外的农户；④外来公司；⑤其他（注明）。

（三）农业生产

序号	主要种植作物 a	种植面积（亩）b	单产（公斤/亩）c	市场均价（元/公斤）d	耕作起止月份 e,f
D31	葡萄	1500	1000	10	6~10
D32	红树莓	1500	600	12	5~9
D33					

序号	主要养殖畜禽	出栏量（头）	平均毛重（公斤/头）	市场均价（元/公斤）	
D34	牛	2500	600	1000	×
D35					×
D36					×

E 社区设施和公共服务

（一）道路交通

E11 通村道路主要类型［①硬化路（水泥、柏油）；②沙石路；③泥土路；④其他］	①	a. 未硬化路段长度（公里）	0
		E14 村内通组道路长度（公里）	0.3
E12 通村道路路面宽度（米）	5	a. 未硬化路段长度（公里）	0
E13 通村道路长度（公里）	1	E15 村内是否有可用路灯（①是；②否）	①

（二）电视通信

E21 村内是否有有线广播（①有；②无）	①	E25 使用卫星电视户数（户）	1200
E22 村委会是否有联网电脑（①有；②无）	①	E26 家中没有电视机户数（户）	30
E23 家中有电脑的户数（户）	700	E27 家中未通电话也无手机户数（户）	0
a. 联网电脑户数（户）	620	E28 使用智能手机人数（人）	3765
E24 使用有线电视户数（户）	0	E29 手机信号覆盖范围（%）	100

（三）妇幼、医疗保健

E31 全村卫生室数（个）	1	E35 当年0~5岁儿童死亡人数（人）	3
a. 若无，最近的卫生室、医院的距离（公里）		E36 当年孕产妇死亡人数（人）	0
E32 药店（铺）数（个）	3	E37 当年自杀人数（人）	0
E33 全村医生人数（人）	5	E38 当前身患大病人数（人）	300
a. 其中有行医资格证书人数（人）	4	E39 村内敬老院个数（个）	0
E34 全村接生员人数（人）	0	a. 在村内敬老院居住老年人人数（人）	
a. 其中有行医资格证书人数（人）		b. 在村外敬老院居住老年人人数（人）	

（四）生活设施

E41 已通民用电户数（户）	1998	a1. 自来水单价（元/吨）	1.8
a. 民用电单价（元/度）	0.482	a2. 使用净化处理自来水户数（户）	0
b. 当年停电次数（次）	2	b. 江河湖泊水（%）	0
E42 村内垃圾池数量（个）	1	c. 雨水/窖水（%）	0
E43 村内垃圾箱数量（个）	700	d. 受保护的井水或泉水（%）	0
E44 集中处置垃圾所占比例（%）	100	e. 不受保护的井水或泉水（%）	0
E45 户用沼气池数量（个）	0	E47 自来水之外的管道供水户数（户）	0
E46 饮用水源比例	×	E48 水窖数量（个）	0
a. 集中供应自来水（%）	100	E49 饮水困难户数（户）	0

（五）居民住房情况

E51 户均宅基地面积（平方米）	93.6	E56 危房户数（户）	0
E52 违规占用宅基地建房户数（户）	0	E57 空置一年或更久宅院数（户）	5
E53 楼房所占比例（%）	0	E58 房屋出租户数（户）	0
E54 砖瓦房、钢筋水泥房所占比例（%）	100	a. 月均房租（如有，按 10 平方米折算，元）	
E55 竹草土坯房户数（户）	0		×

（六）社会保障

E61 参加新型合作医疗户数（户）	1998	E64 五保供养人数（人）	6
a. 参加新型合作医疗人数（人）	10785	a. 集中供养人数（人）	0
b. 新型合作医疗缴费标准（元/人）	84	b. 集中与分散供养相结合五保人数（人）	6
E62 参加社会养老保险户数（户）	1055	c. 五保供养村集体出资金额（元）	40320
a. 参加社会养老保险人数（人）	5552	E65 当年全村获得国家救助总额（万元）	50
E63 低保人数（人）	330	E66 村集体帮助困难户年出资额（元）	230000

（七）农田水利

E71 近年平均年降水量（毫米）	10	E75 机电井数量（个）	0
E72 主要灌溉水源（①地表水；②地下水；③雨水）	②	E76 生产用集雨窖数量（个）	0
E73 正常年景下水源是否有保障（①是；②否）	①	E77 水渠长度（米）	
E74 排灌站数量（个）	0		×

F 村庄治理与基层民主
（一）村庄治理结构

F11 全村中共党员数量（人）	158	F12 是否有党员代表会议（①是；②否→F13）	①
a.50 岁以上党员数（人）	115	a. 党员代表人数（人）	158
b. 高中及以上文化党员数（人）	15	b. 属于村"两委"人数（人）	7

F13 党小组数量（个）	14	a. 监督委员会人数（人）	3
F14 村支部支委会人数（人）	5	b. 属于村"两委"人数（人）	3
F15 村民委员会人数（人）	7	c. 属于村民代表人数（人）	3
F16 村"两委"交叉任职人数（人）	7	F19 是否有民主理财小组（①是；②否→F211）	①
F17 村民代表人数（人）	65	a. 民主理财小组人数（人）	5
a. 其中属于村"两委"人数（人）	7	b. 属于村"两委"人数（人）	3
F18 是否有村务监督委员会（①是；②否→F19）	①	c. 属于村民代表人数（人）	2

（二）村"两委"

序号	职务 a	姓名 b	性别 c	年龄 d	文化程度 e	党龄 f	交叉任职 g	工资（元） h	任职届数 i	任职前身份 j
F211	①	王升	①	52	5	30	无	3700	2	2
F212	第一书记	周建宁	①	53	5	30	无	3700	0	林业局副院长
F213	②	海国宝	①	60	3	23	无	2060	10	2
F214	②	马贵	①	47	5	25	无	3200	2	2
F215	④	马志祥	①	53	3	20	无	2160	6	2
F221	⑤	万学锋	①	50	4	13	无	2060	2	会计
F222						×	×			
F223						×	×			
F224						×	×			
F225						×	×			

注：先填党支部，后填村委会。按照书记、副书记、委员等顺序填写。注意填写代码。

职务代码：①支部书记；②副书记；③支部委员；④村委会主任；⑤副主任；⑥村委委员；⑦委员兼妇女主任。

性别代码：①男；②女。

交叉任职：填写党支部干部所交叉担任的村委会职务代码。

文化程度选项：①文盲；②小学；③初中；④高中或中专；⑤大专以上。

任职前身份：如是村干部，填写村干部职务代码；如果不是村干部，写明身份。

（三）最近两届村委会选举情况

序号	年份 a	有选举权人数 b	实际参选人数 c	村主任得票数 d	是否设有秘密划票间 e	书记与主任是否一肩挑 f	是否搞大会唱票选举 g	投票是否发钱发物 h	是否流动投票 i
F31	201312	5000	3882	3508	1	2	1	2	1
F32	201612	7000	5435	4911	1	2	1	2	1

注：是否选项：①是；②否。

G 教育、科技、文化

（一）学前教育

G11 本村 3~5 周岁儿童人数（人）	320	b. 幼儿园在园人数（人）	312
G12 当前 3~5 周岁儿童不在学人数（人）	8	c. 幼儿园收费标准（元/月）	310
G13 本村幼儿园、托儿所数量（个）	1	G14 学前班在学人数（人）	90
a. 其中，公立园数量（个）	1	a. 学前班收费标准（元/月）	310

注：2016~2017 学年，下同。

（二）小学阶段教育

G21 本村小学阶段适龄儿童人数（人）	744	b. 住校生人数（人）	0
a. 其中女生数（人）	440	G24 在县市小学上学人数（人）	0
G22 在本村小学上学人数（人）	731	a. 其中女生数（人）	0
a. 其中女生数（人）	336	G25 去外地上学人数（人）	13
b. 住校生人数（人）	0	a. 其中女生数（人）	9
G23 在乡镇小学上学人数（人）	0	G26 失学辍学人数（人）	0
a. 其中女生数（人）	0	a. 其中女生数（人）	0

（三）初中阶段教育

G31 乡镇中学离本村距离（公里）	4	G34 在县城中学上学人数（人）	0
G32 在乡镇中学上学人数（人）	1898	a. 其中女生数（人）	0
a. 其中女生数（人）	1005	G35 去外地上学人数（人）	36
b. 住校生人数（人）	1800	a. 其中女生数（人）	10
G33 中学是否提供午餐（①是；②否→G34）	①	G36 失学辍学人数（人）	0
a. 是否免费或有补助（①免费；②补助；③无）	②	a. 其中女生数（人）	0

（四）村小学情况

G41 本村是否有小学（①是；②否→G49）	①	c. 高中或中专人数（人）	0
G42 最高教学年级为	6	G46 校舍是否独立使用（①是；②否）	①
G43 在校生数（人）	731	a. 校舍建成时间（年）	201409
G44 公办教师人数（人）	40	b. 校舍建筑面积（平方米）	270
a. 本科人数（人）	12	G47 是否提供午餐（①是；②否→G48）	②
b. 大专人数（人）	20	a. 午餐标准（元/顿）	
c. 高中或中专人数（人）	8	b. 是否有补助（①免费；②部分补助；③无）	
G45 非公办教师人数（人）	0	G48 是否配有联网电脑（①是；②否→G51）	①
a. 本科人数（人）	0	G49 如无小学，原小学哪年撤销	
b. 大专人数（人）	0	G410 最近小学离本村距离（公里）	0.1

（五）科技与文化

G51 是否有农民文化技术学校（①是；②否）	②	G58 棋牌活动场所（个）	1
G52 村内举办农业技术讲座次数（次）	3	G59 社团（老年协会、秧歌队等）个数（个）	5
G53 村民参加农业技术培训人次（人次）	200	G510 村民最主要宗教信仰（单选，代码1）	4
G54 获得县以上证书农业技术人员数量（人）	0	G511 具有各种宗教信仰群众数量（人）	3337
G55 村民参加职业技术培训人次（人次）	420	G512 是否有教堂、寺庙等宗教活动场所（①是；②否→H11）	①
G56 图书室、文化站个数（个）	1		
a. 如有，活动场地面积（平方米）	40	a. 建设与维护费用主要来源（①群众集资；②收费；③社会捐助；④其他）	①
b. 藏书数量（册）	2798		
c. 月均使用人数（人次）	900	b. 多久举行一次活动（代码2）	2
G57 体育健身场所（个）	1	c. 平均每次活动参加人数（人）	200

注：代码1（宗教信仰）：①无；②佛教；③道教；④伊斯兰教；⑤基督教；⑥天主教；⑦喇嘛教；⑧其他宗教。

代码2（活动频率）：①每天；②每周；③每月；④一个月以上。

H 社会稳定情况

H11 打架斗殴事件（件）	0	H14 判刑人数（人）	0
H12 偷盗事件（件）	0	H15 接受治安处罚人次（人次）	0
H13 抢劫事件（件）	0	H16 上访人次（人次）	0

I 村集体财务

（一）集体财务收支（元）

村财务收入	余额（元）	村财务支出	余额（元）
I11 上级补助	425800	I114 村干部工资	228948
I12 村集体企业上交	0	I115 组干部工资	164010
I13 发包机动地收入	0	I116 水电等办公费	60000
I14 发包荒山、坡地收入	0	I117 订报刊费	3000
I15 发包林地收入	0	I118 招待费	0
I16 发包水面收入	0	I119 困难户补助费	500000
I17 店面厂房等租金	132000	I120 修建学校	0
I18 修建学校集资	0	I121 修建道路	0
I19 修建道路集资	0	I122 修建水利	0
I110 修建水利集资	0	I123 垫交费用	0
I111 社会抚养费（返还）	0	I124 偿还债务及利息支付	0
I112 其他收入 1（注明）		I125 其他支出 1（注明）	
I113 其他收入 2（注明）		I126 其他支出 2（注明）	

（二）集体债权债务（元）

集体债权	余额（元）	集体负债	余额（元）
I21 村组干部欠	0	I26 欠村组干部	0
I22 农户欠	0	I27 欠农户	0
I23 商户欠	0	I28 欠商户	0
I24 上级政府欠	0	I29 欠上级政府	0
I25 其他人欠（注明）	0	I210 欠银行	0
	×	I211 欠教师	0
	×	I212 欠其他人（注明）	0

（三）集体资产

I31 办公楼等设施的建筑面积（平方米）	700	I33 未承包到户的集体山场面积（亩）	0
I32 未承包到户的集体耕地面积（亩）	0	I34 其他集体资产（注明）	文化室

J 公共建设与农民集资

（一）公共建设（2015 年以来）

项目名称（单位）	数量 a	建设开始时间（年月） b	建设完成时间（年月） c	投资额（万元）		
				农民集资 d	集体出资 e	上级拨款 f
J11 学校（平方米）						
J12 村办公场所（平方米）						
J13 卫生室（平方米）						
J14 文化体育设施（处）						
J15 其他项目（注明）						

（二）"一事一议"筹资筹劳开展情况（2015 年以来）

序号	事项内容（代码1） a	通过方式（代码2） b	建设开始时间（年月） c	建设完成时间（年月） d	出资出劳户数（户） e	户均筹劳数量（个） f	户均筹资金额（元） g	政府补助（元）	
								补助现金 h	物资折合 i
J21									
J22									
J23									
J24									

注：代码1：①村内小型农田水利基本建设；②道路修建；③植树造林；④其他集体生产生活及公益事业项目。

代码2：①村民会议或村民代表会议讨论；②党支部或村委会决定；③其他。

K 建档立卡贫困人口

贫困人口	2014 年 a	2015 年 b	2016 年 c
K1 贫困户数（户）	尚未建档立卡	709	724
K2 贫困人口数（人）		3232	3287
a. 因病致贫人口（人）		1680	1699
b. 因学致贫人口（人）		702	715
c. 因缺劳力致贫人口（人）		506	529
K3 调出贫困户数（调整为非贫困户）（户）	×	0	639
a. 调出贫困人口数（人）	×	0	2905
K4 调入贫困户数（调整为贫困户）（户）	×	0	15
a. 调入贫困人口数（人）	×	0	55
K5 脱贫户数（人）		0	639
K6 脱贫人口数（人）			3287
a. 发展生产脱贫			2997
b. 转移就业脱贫			
c. 易地搬迁脱贫			
d. 生态补偿脱贫			
e. 社保兜底脱贫			29

L1 发展干预（2015 年）

建设项目		单位	数量 a	受益户数（户）b	总投资（万元）c	投资构成（万元）					
						财政专项扶贫资金 d	行业部门资金 e	社会帮扶资金 f	信贷资金 g	群众自筹资金 h	其他资金 i
L11 村级道路	X 新建通村沥青（水泥）路	公里		X							
	Y 新建村内道路	公里									
L12 农田水利	X 小型水利建设	处									
	Y 基本农田建设及改造	亩									
L13 饮水安全	X 新建自来水入户	户		X							
	Y 新建蓄水池（窖）	个									
	Z 新建村级自来水厂	座									
L14 电力保障	X 新增农村电网改造	处									
	Y 解决无电户	户									
L15 居住改善	X 危房改造	户		X							
	Y 人居环境改善	户		X							
L16 特色产业	X 培育特色产业项目	个									
	Y 培育合作社	个									
L17 乡村旅游	新建特农家乐户数	户		X							
L18 卫生计生	参加卫生计生技术培训	人次		X							
L19 文化建设	X 广播电视入户	户		X							
	Y 村文化活动室	个		X							
L110 信息化	X 宽带入户	户		X							
	Y 手机信号覆盖范围	%		X		X	X	X	X	X	X
L111 易地搬迁	X 易地搬迁（迁出）	户		X							
	Y 易地搬迁（迁入）	户		X							

L2 发展干预（2016 年）

建设项目	单位	数量 a	受益户数（户）b	总投资（万元）c	财政专项扶贫资金 d	行业部门资金 e	社会帮扶资金 f	信贷资金 g	群众自筹资金 h	其他资金 i
L21 村级道路 X 新建通村沥青（水泥）路	公里									
Y 新建村内道路	公里									
L22 农田水利 X 小型水利工程	处									
Y 基本农田建设及改造	亩									
L23 饮水安全 X 新建自来水入户	户		X							
Y 新建蓄水池（管）	个									
Z 新建村级自来水厂	座									
L24 电力保障 X 新增农村电网改造	处									
Y 解决无电户	户		X							
L25 居住改善 X 危房改造	户		X							
Y 人居环境改善	户		X							
L26 特色产业 X 培育特色产业项目	个									
Y 培育合作社	个									
L27 乡村旅游 新扶持农家乐户数	户		X							
L28 卫生计生 参加卫生计生技术培训	人次		X							
L29 文化建设 X 有线电视入户	户		X							
Y 新建村文化活动室	个		X							
L210 信息化 X 宽带入户	户		X							
Y 手机信号覆盖范围	%		X		X	X	X	X	X	X
L211 易地搬迁 X 易地搬迁（迁出）	户		X							
Y 易地搬迁（迁入）	户		X							

157

M 第一书记和扶贫工作队

M11 本村现在是否派驻有第一书记（①有；②以前有、现在没有→M12；③没有→M12）	①
M12 第一书记什么时间派驻（年月/6位）	201702
M13 第一书记姓名	周建宁
M14 第一书记性别（①男；②女）	①
M15 第一书记出生年份（四位数年份）	1964
M16 第一书记学历（①初中及以下；②高中或中专；③大专；④大学本科；⑤研究生）	④
M17 第一书记来自［①中央单位；②省级单位；③市级单位；④县级单位；⑤乡镇⑥其他（请注明）］	③
M18 第一书记单位属性（①党政机关；②事业单位；③企业；④其他）	①
M19 第一书记最近半年在村工作多少天（含因公出差）（天）	60
M110 第一书记最近半年在村居住多少天（天）	60
M111 第一书记最近半年在乡镇住多少天（天）	0
M112 第一书记作为帮扶责任人联系多少贫困户（户）	709
M113 第一书记到过贫困户家的数量（户）	60
M114 第一书记做了哪些工作（可多选）［①重新识别贫困户；②诊断致贫原因；③引进资金；④引进项目；⑤帮助贫困户制订脱贫计划；⑥帮助落实帮扶措施；⑦参与脱贫考核；⑧接待、处理群众上访；⑨其他（注明）］	①②⑤⑥⑦
M115 2016年对第一书记的考核结果等级［0=未考核；①优秀；②合格（称职）；③基本合格（基本称职）；④不合格（不称职）］	0
M116 村两委对第一书记工作满意程度（①非常满意；②满意；③一般；④不满意；⑤非常不满意）	②
M21 你村是否派驻有扶贫工作队（①有；②以前有、现在没有→结束；③没有→结束）	①
M22 工作队什么时间派驻（年月/6位）	201603
M23 工作队有几名成员（人）	6
M24 工作队成员来自（可多选）（选项同M17）	④
M25 工作队员最近半年平均在村工作多少天（含因公出差）（天）	15
M26 工作队员最近半年在村平均住了多少天（天）	
M27 工作队员最近半年在乡镇平均住了多少天（天）	0
M28 工作队员作为帮扶责任人共联系多少贫困户（户）	709
M29 工作队员到过贫困户家的数量（户）	709
M210 工作队员做了哪些工作（可多选）（选项同M114）	①②⑤⑥⑨
M211 2016年对工作队员考核结果不称职（不合格）的人数（人）	0
M212 村委会对工作队员工作满意程度（①都满意；②部分满意；③一般；④都不满意）	①
M213 工作队长是否为第一书记（①是→结束；②否）	①
M214 工作队长姓名	
M215 工作队长性别（①男；②女）	
M216 工作队长出生年份（四位数年份）	
M217 工作队长学历（①初中及以下；②高中或中专；③大专；④大学本科；⑤研究生）	
M218 工作队长来自［①中央单位；②省级单位；③市级单位；④县级单位；⑤乡镇；⑥其他（请注明）］	
M219 工作队长单位属性（①党政机关；②事业单位；③企业；④其他）	

国民经济行业分类代码

1	农、林、牧、渔业	8	住宿和餐饮业	15	居民服务、修理和其他服务业
2	采矿业	9	信息传输、软件和信息技术服务业	16	教育
3	制造业	10	金融业	17	卫生和社会工作
4	电力、热力、燃气及水的生产和供应业	11	房地产业	18	文化、体育和娱乐业
5	建筑业	12	租赁和商务服务业	19	公共管理、社会保障和社会组织
6	批发和零售业	13	科学研究和技术服务业	20	国际组织
7	交通运输、仓储和邮政业	14	水利、环境和公共设施管理业		

制造业二级分类代码

1	农副食品加工业	5	纺织业	9	家具制造业
2	食品制造业	6	纺织服装、服饰业	10	造纸和纸制品业
3	酒、饮料和精制茶制造业	7	皮革、毛皮、羽毛及其制品和制鞋业	11	其他制造业：印刷和记录媒介复制、文教、工美、体育和娱乐用品制造、石油加工、化学原料和化学制品制造、医药制造
4	烟草制品业	8	木材加工和木、竹、藤、棕、草制品业		

民族代码

1	汉族	21	佤族	41	塔吉克族
2	蒙古族	22	畲族	42	怒族
3	回族	23	高山族	43	乌孜别克族
4	藏族	24	拉祜族	44	俄罗斯族
5	维吾尔族	25	水族	45	鄂温克族
6	苗族	26	东乡族	46	德昂族
7	彝族	27	纳西族	47	保安族
8	壮族	28	景颇族	48	裕固族
9	布依族	29	柯尔克孜族	49	京族
10	朝鲜族	30	土族	50	塔塔尔族
11	满族	31	达斡尔族	51	独龙族
12	侗族	32	仫佬族	52	鄂伦春族
13	瑶族	33	羌族	53	赫哲族
14	白族	34	布朗族	54	门巴族
15	土家族	35	撒拉族	55	珞巴族
16	哈尼族	36	毛南族	56	基诺族
17	哈萨克族	37	仡佬族	97	其他
18	傣族	38	锡伯族	98	外国血统中国籍人士
19	黎族	39	阿昌族		
20	傈僳族	40	普米族		

调查提示：

1. 村问卷内容较多，可分多次完成；也可请村干部预先填写，但是一定要当面逐项检查核实。

2. 涉及的专业信息，例如，学校、教育等信息，建议通过村委向相关部门联系调研。

3. 调查结束前，请调查员检查一遍问卷，并感谢受访者的配合。

参考文献

李培林、王晓毅主编《生态移民与发展转型——宁夏移民与扶贫研究》，社会科学文献出版社，2013。

都阳、蔡昉：《中国农村贫困性质的变化与扶贫战略调整》，《中国农村观察》2005 年第 5 期。

魏后凯、王宁：《参与式反贫困：中国城市贫困治理的方向》，《江淮论坛》2013 年第 5 期。

檀学文、李成贵：《贫困的经济脆弱性与减贫战略评述》，《中国农村观察》2010 年第 5 期。

汪三贵：《中国新时期农村扶贫与村级贫困瞄准》，《管理世界》2007 年第 1 期。

王洪涛：《中国西部地区农村反贫困问题研究》，中央民族大学博士学位论文，2013。

周静茹：《六盘山回族地区反贫困研究》，兰州大学博士学位论文，2014。

王曙光：《中国的贫困与反贫困》，《农村经济》2011 年第 3 期。

康涛、陈斐：《关于我国农村贫困与反贫困的研究》，《华中农业大学学报》（社会科学版）2002 年第 4 期。

黄承伟、刘欣：《"十二五"时期我国反贫困理论研究述评》，

参考文献

《云南民族大学学报》（哲学社会科学版）2016 年第 2 期。

刘小珉：《民族地区农村最低生活保障制度的反贫困效应研究》，《民族研究》2015 年第 2 期。

刘小珉：《多维贫困视角下的民族地区精准扶贫——基于 CHES2011 数据的分析》，《民族研究》2017 年第 1 期。

曾盛聪：《资产收益扶持制度在精准扶贫中的作用及其实现》，《探索》2016 年第 6 期。

白丽、赵邦宏：《产业化扶贫模式选择与利益联结机制研究——以河北省易县食用菌产业发展为例》，《河北学刊》2015 年第 4 期。

邵展翅：《资产收益扶持制度：三门峡库区移民生产开发实践探索》，《经济研究导刊》2016 年第 29 期。

黄承伟、覃志敏：《贫困地区统筹城乡发展与产业化扶贫机制创新——基于重庆农民创业园产业化扶贫案例的分析》，《农业经济问题》2013 年第 5 期。

余国新、刘维忠：《新疆贫困地区产业化扶贫模式与对策选择》，《江西农业学报》2010 年第 7 期。

贾伟强、贾仁安：《"公司＋农户"模式中的公司与农户：一种基于委托—代理理论的解释》，《农村经济》2005 年第 8 期。

雷玉明：《关于龙头企业与农户利益联结机制的研究——以湖北为例》，华中农业大学博士学位论文，2006。

沈默：《我国休闲农业可持续发展研究——以南京江心洲为例》，《生态经济》2010 年第 11 期。

舒伯阳、朱信凯：《休闲农业开发模式选择及农户增收效益比较》，《农业经济问题》2006 年第 7 期。

王桂芬:《生态移民经济效益指标体系的构建及对贫困村瞄准效率的实证研究——来自宁夏农户的调查分析》,《生态经济》2010年第11期。

高鸿宾主编《扶贫开发规划研究》,中国财政经济出版社,2001。

刘志强主编《中国扶贫模式创新与扶贫开发项目运作实务手册》,安徽文化音像出版社,2003。

王国良主编:《中国扶贫政策——趋势与挑战》,社会科学文献出版社,2005。

黄建宏:《中国农村经济解难》,中国经济出版社,2005。

程杰:《持续探索中国农村科技扶贫创新和长效机制》,《中国农村科技》2010年第Z1期。

国家统计局农村社会经济调查司编《中国农村贫困监测报告2010》,中国统计出版社,2011。

《国务院〈关于印发中国农村扶贫开发纲要(2001~2010年)〉的通知》。

韩长赋:《新农村建设与农业产业化》,《农村经营管理》2006年第4期。

韩彦东:《基于可持续发展的人口较少民族地区扶贫开发政策研究》,中国人民大学博士学位论文,2008。

黄新星:《民族地区产业扶贫及其政策研究——以湘西地区为例》,吉首大学硕士学位论文,2012。

李兴江、陈怀叶:《参与式扶贫模式的运行机制及绩效评价开发研究》,《开发研究》2008年第2期。

李周、乔召旗:《西部农村减缓贫困的进展》,《中国农村观察》2009 年第 1 期。

柯炳生编《工业反哺农业的理论与实践研究》，人民出版社，2008。

李小健:《农业产业化内涵与机制探讨》,《西北农林科技大学学报》(社会科学版) 2002 年第 3 期。

马骥:《农业产业化问题初探》,《辽宁经济》2008 年第 1 期。

曾福生:《中国现代农业经营模式及其创新的探讨》,《农业经济问题》2011 年第 10 期。

高贵如、王双进、李健宏:《交易效率视角下农业家庭经营方式创新》,《农村经济》2013 年第 5 期。

后　记

　　本课题由中国社会科学院社会学研究所、宁夏社会科学院农村经济研究所（生态文明研究所）的科研人员共同完成，课题组的调研活动得到宁夏永宁县人民政府的大力支持和帮助，永宁县政府组织闽宁镇、扶贫办及有关部门提供基础资料并协助调研。调研工作还得到中国社会科学院社会学研究所和宁夏社会科学院相关领导的支持和指导。中国社会科学院社会学研究所陈光金所长对本课题的修改完善提出了非常宝贵的意见和建议，中国社会科学院科研局副局长、上海研究院常务副院长赵克斌多次与课题组一同调研并对课题撰写提出建议，中国社会科学院科研局、中国社会科学院社会学研究所科研处做了大量的服务和协调工作，本课题在调研、撰稿、修改过程中还得到全国政协委员、宁夏社会科学院社会学法学研究所李保平所长的具体指导。由于得到上述各个部门和相关领导的支持和帮助，课题组的调研和撰稿工作得以顺利完成，在此谨向为课题组提供过帮助与支持的单位和个人致以诚挚的谢意！

　　在课题撰稿过程中，利用了大量实地调研资料、宁夏永宁县的相关书面资料，同时参考、借鉴了学术界已有的许多相关成果，在此谨向这些文献的作者表示由衷的感谢！

课题组成员分工如下：李文庆承担了课题框架设计、课题调研组织等工作，撰写前言、后记、第一章、第二章；吴月撰写第三章、第四章；师东晖承担了课题协调、编校工作，撰写第五章；李霞撰写第六章、第七章；宁夏社科院历史研究院张万静院长提供了部分图片。由于课题组成员在宁夏原隆村的调研时间有限，加上这是一项综合性和专业性很强、涉及面广泛的课题，受课题组成员理论水平和知识面的局限，撰稿时间仓促，错漏与不足之处在所难免，恳请读者批评指正。

课题组

2020 年 6 月

图书在版编目（CIP）数据

精准扶贫精准脱贫百村调研. 原隆村卷：闽宁协作
扶贫铺就的康庄大道 / 李文庆, 李霞, 吴月著. -- 北京：
社会科学文献出版社, 2020.10
　ISBN 978-7-5201-7511-1

　Ⅰ.①精…　Ⅱ.①李…②李…③吴…　Ⅲ.①农村 -
扶贫 - 调查报告 - 永宁县　Ⅳ.①F323.8

　中国版本图书馆CIP数据核字（2020）第208994号

·精准扶贫精准脱贫百村调研丛书·

精准扶贫精准脱贫百村调研·原隆村卷
　　——闽宁协作扶贫铺就的康庄大道

著　　者 / 李文庆　李　霞　吴　月

出 版 人 / 谢寿光
组稿编辑 / 邓泳红
责任编辑 / 薛铭洁

出　　版 / 社会科学文献出版社·皮书出版分社（010）59367127
　　　　　地址：北京市北三环中路甲29号院华龙大厦　邮编：100029
　　　　　网址：www.ssap.com.cn
发　　行 / 市场营销中心（010）59367081　59367083
印　　装 / 三河市尚艺印装有限公司

规　　格 / 开　本：787mm×1092mm　1/16
　　　　　印　张：11.5　字　数：111千字
版　　次 / 2020年10月第1版　2020年10月第1次印刷
书　　号 / ISBN 978-7-5201-7511-1
定　　价 / 59.00元